目/录
Contents

我在等待一场雨
等待天气变凉
斜靠在铺着竹席的床上
只有一本《草叶集》

在湖边，山脚下
微风穿过村口的枣树
未熟的枣子暗自膨胀

一个隐退的闲人
享受着已知、剩下的日子
天很热，天气会变凉
我会在睡梦中醒来

出深圳记 __ 002

那年，我在深圳打工，第一次看到台风。

当时我搬了一把椅子，坐在集体宿舍的阳台上。外面已经起风了，天上黑云滚滚，流动得特别快，这是我一生中见过的最快的风云变幻。

然后开始下雨，天地间顿时凉快了。

本命记 __ 035

那十年间的事他一样也没跟我们讲，以至于我怀疑他是否去过北京。只是小时候，他和同事们花公款去了一趟，旅游回来带了许多难吃的果脯。我在家里的旧相册中看到过一张父亲年轻时候的照片，标志性的板寸头，穿着绿军装，挺直英俊，腰间还挎着把手枪。

山中故事 __ 043

站在路中间，我听到草丛里的虫鸣，远处传来的蛙叫，月亮此时从南望山上升起来，我不知道该往哪边走，突然痛哭起来……

林中小鹿 __ 064

我似乎看见了一片清澈深沉的湖泊，在我心中无限漫延，直到将全世界包围。我忘却了时间，忘却了自身所在，忘却了我身为何物。当我慢慢走向它，伸手快要触碰到它时，它却一转身，闪进了灌木丛，一蹦一跳，轻盈敏捷，就消失不见。

上班记 __ 067

当然我还发现更多的秘密，那些同事看人的眼神都不对，神神秘秘的，嘴角有一种不易发现的怪笑，搞得我都怀疑这是不是在精神病院，抑或是工作重压下的集体性神经衰弱。不过这样你就理解我之前辞职住在南望山的原因了，工作就是这样，不使人麻木也会使人厌倦。

失踪的三个月 __ 071

我不得不承认，就是这一个词，它击中了我，为我指明了方向，工作使我疲惫、颓废，我应当放下忙碌，去追求心灵自由的生活方式，这才是我想要的状态。

24 岁辞职去写作 __ 080

很难说庸常的幸福值不值得守护，但它有时确实扼杀了我们追求更多幸福的可能。在另一条路上，我相信，坚持爱好坚持理想，人可以走得更远、更惬意、更无愧于心。
领导问我为什么要辞职，我说："我要去写一部长篇小说，那是我高中时的梦想。"

诗意地栖居 __ 084

此时正是黄昏，太阳慢慢落下去，月亮慢慢升上来，夕阳照在墓碑上，温暖上面的名字和死去的主人。其中的一个曾在夜里进入我的房间，和我交谈许久，讲了许多奇异故事和人生道理。

樟树下 __ 092

我舅舅曾去过樟树下，用他的话说，撒泡尿的工夫都可以绕桂家坑走一圈。就是这么一个小坑，让我时常想起它，和那棵高大的樟树。

东湖夜谈 __ 120

我径自往一片林子里面走去。这是一片山桃林，每年春天，桃花一大片一大片。远看像是白色的山石，匍匐在山脊，走近你会被这漫山遍野的花海震撼，这是一片遗世独立的幽谷。往林子更深处走，脚下的落叶枯枝发出清脆的折断声。寒冷使得我脚掌麻木，丧失了任何感觉。

何桥札记 __ 128

夜雪照江山，
西风踏无痕。
一枝陌名花，鲜红，在雪后的院子角落里含苞待放，羞涩静谧，仕女凤儿从画中走过来，浅浅地甜笑，仿佛黄昏天边的霞晕。

印象中，桃花开后
总有小雨
今年也不例外
花开与花落
都只是在一夜之间
而后的阳光，青绿的草叶
掩藏着一只破罐
盛满清水

你离开了南京 __ 156

红酒分完了，倒进了杯子。烤鸭大部分被她吃了，我很吃惊一个身材这么娇小的女孩居然能吃这么多食物，美酒也大部分流进了她的肚子，她的双眼已经有些迷离，莫测地看着我。

我真希望最后一丁点儿酒永远也不要喝完，我们就这样对视着，希望时间停止流动。

私奔 __ 165

我们从下马坊上去，阳光正好，树影斑驳。这是使人安逸的秋天，树叶将落未落，一些东西悄悄失去，一些东西在慢慢到来。

扔石子的少年 __ 169

我先扔，因为没有估算好，石子扔到河对岸了。小红和她妈妈都没有发觉。轮到大海，他抡起肩膀，比画着，瞄准小红身边不远处的位置，最好保证水花能溅她一身，吓她一大跳。可惜"时运不济"，石子并没有掉进河里，而是不偏不倚地砸到了小红的头上。

雾霾时期的爱情 __ 178

文静出了地铁口，外面正下着大雨。雨线在窗外的路灯和广告牌霓虹灯灯光中犹如织起一张大网，网住了这个城市所有的人。

"四月是最残忍的季节。"李小军说。文静想，明天要去玉渊潭公园看看，樱花该被打落一地了吧。

城 / 市 / 里 / 的 / 流 / 放 / 者

第一辑　愿你在尘世获得幸福

城市里的流放者

我在等待一场雨
等待天气变凉
斜靠在铺着竹席的床上
只有一本《草叶集》

在湖边，山脚下
微风穿过村口的枣树
未熟的枣子暗自膨胀

一个隐退的闲人
享受着已知、剩下的日子
天很热，天气会变凉
我会在睡梦中醒来

出深圳记

这个场景一再从我脑海深处浮现出来，每次回想起来都让我感慨万千。当时的决定从此也改变了我的命运，将我从一个可怕的深渊中拯救出来。我不知道继续待在那里会发生什么，但是那些生硬的厂房、机器、生产线，刺鼻的气味，拥挤的人群，千篇一律的制服，麻木的面孔，燥热的空气……现在想来仍让我心脏紧缩，长吸一口气，仿佛有一个幽灵在我后背脖子上吹一口冷风。

1

那年，我在深圳打工，第一次看到台风。

当时我搬了一把椅子，坐在集体宿舍的阳台上。外面已经起风了，天上黑云滚滚，流动得特别快，这是我一生中见过的最快的风云变幻。

然后开始下雨，天地间顿时凉快了。

雨势并不如想象中那么大，况且在工厂里，就像是一个围城里，也不可能形成摧枯拉朽式的破坏。

我背靠着椅子，脚跷在栏杆上，风吹过脸庞，细小的雨珠溅在皮肤上，一扫上夜班带来的疲倦和颓废，心情也凉快了很多。

我成了一个悠哉的看云听风者，枯燥的工作、寡淡无味的生活也都与我没有关系了。我记得清清楚楚，那云从我眼前快速流走，童年也一帧一帧地飘走，熟悉的面孔也一副一副翻过去，淤积在内心的困惑和抱怨也随之散去。

我成了一个御风而行的人，似乎行走在空中，轻盈赤裸，无所畏惧。

就在那一刻，我得到了内心的启示，它通过这个迹象向我显现。这是我在深圳的唯一收获，我看见了，我想看到的，也得到了我想要的——我就要离开深圳了。

这个场景一再从我脑海深处浮现出来，每次回想起来都让我感慨万千。当时的决定从此也改变了我的命运，将我从一个可怕的深渊中拯救出来。我不知道继续待在那里会发生什么，但是那些生硬的厂房、机器、生产线，刺鼻的气味，拥挤的人群，千篇一律的制服，麻木的面孔，燥热的空气……现在想来仍让我心脏紧缩，长吸一口气，仿佛有一个幽灵在我后背脖子上吹一口冷风。

我知道这个幽灵依然存在那里，它依然在寻觅那些软弱或者被折磨得麻木的人，但我不会了，我是从那条坎坷颠簸的路上走过来的。

那条路虽然艰辛，但也是对我的一种磨炼，一次检验，它甚至没有亏待我——它给了我一次感情的洗礼，使我变得更加成熟。

我不会去刻意回避它，相反我会保持一个冷静的心态去回忆，我也愿意向你诉说那段时间我的经历、变化和身边的人物百态。

罗素说，参差百态是幸福的源泉。同时它也是痛苦的源泉，而归根结底，是生活的本源。

2

年后初八，我搭上拥挤的春运火车去深圳打工。和我一起挤在吸烟区的是另外一些民工，我庆幸自己找到一个能放下屁股的角落，很多站在过道上的人根本没办法转动身子。
虽然坐久了也难受，但我还是建议坐下了就不要站起来，因为一旦你站起来，另外一个屁股就会占据你的位置，你就再也没法坐下去，而之后二十几个小时的行程会让你抓狂。

坐在我身边的是一个打扮非主流的女孩子，一头飞蓬，上身穿敞口毛衫，嘴里嚼着口香糖，不停地找我说话，一句一个"山炮"，我只好有口无心地应付着。尤其是女孩右手虎口处用蓝色墨水刻着一个男人的名字"王力"，让我觉得格外庸俗。

"兄弟，你到哪儿？"

"深圳。"

"我也去深圳，你在哪儿上班？"

"还没有工作，过去找。"

"F 公司年后要招好多人，我就在里面上班，可以介绍你进去呀。按时发工资，包吃包住。"

"我自己去找，在那边有熟人。"我怀疑她是传销骗子，就没有答应她。我在深圳并没有熟人，这句话只是一个借口而已。

"你 QQ 号是多少？有空一块玩。"她缠着我不放，问道。

"34259×××。"我不得不告诉她。

"石下流，是你吗？"她用手机登录 QQ，查找到我。

"是石上流。"我纠正道。

"呵呵，"她尴尬地笑着，"你姓石？"

"姓李。"我说。

"我加你了，你确认一下。"

我也用手机登上去，通过确认，看到她叫"轻舞飞扬"，我忍不住笑了，我看过《第一次亲密接触》。

但我并不想和她做更多的交流，我将一个人奔向未知的南方，最终将被淹没在庞大的打工人群中，于是闭上眼睛假装睡觉。到了半夜，她歪倒在我肩上睡着了，我没有去叫醒她。

3

打听到 F 公司在华龙镇，我坐上了 302 路公交车直达公司北门。

之后我在附近找了一间便宜的旅馆，先安顿下来，然后去了网吧。虽然在这个陌生而真实的地方，我没有一个朋友，但在虚拟的网络世界里，狐朋狗友倒是一大堆。尽管他们并不关心我现在身在何处，生活得怎么样。

周围的网吧都开在一家一户的楼房里，因为打工的人太多，生意好得不行。据说 F 公司在华龙的厂区就有二十万人，也难怪，附近的居民就利用这个优势，开网吧、租房子，而他们自己坐在家里打着麻将就可以收到租金，以此生活。

我行走在这嘈杂的特区小镇里，发廊、小餐馆、游戏厅……到处都在吆喝，放着震天的音响，散发着金钱、淫靡、世俗的气息。

我钻进了一家路边的网吧，坐在门口靠近吧台处的一台电脑前。登上QQ，打开网页，随便看了看，然后进农场偷菜、进牧场偷牛。这时收到一条短信，掏出一看，是"深圳移动欢迎您"。

看完以后我犯了一个错误，把手机放在了电脑边上。正当我玩着游戏，聚精会神时，突然有人直接伸手到电脑桌上，拿起我的手机就往外跑。我大叫一声"小偷，别跑"，起身就去追赶。一个十岁左右的小孩，一溜儿烟地钻进迷宫似的居民楼过道里，气得我直捶胸顿足。

从没在光天化日之下遭遇抢劫，这就是南方，这就是深圳？简直让我失望至极。

我垂头丧气地回到网吧，木然地坐在电脑前，有点不知所措。所有亲戚朋友的手机号码此刻全部丢失，只能记得家里的座机号码。这时，我想起在火车上认识的女孩子，她的号码很显然也丢了，但我还有她的QQ号。

我试着给她发一条信息，告诉她我手机被人抢了。
过了一会儿才见她回复，显然在线隐身。她问我在哪儿，我告诉她在F公司北门。她说她也在，让我到华城超市门口等她。
我出了网吧找到超市，站在门口处等她，东张西望，终于盼到她出现。她还是那身打扮，但看起来已不是之前那般庸俗，让我觉得异常亲切温暖。

我为自己之前对她的怀疑感到愧疚，相信这世间还是好人多，而并不是我之前想象的那样黑暗，尽管我刚刚经历了一次堂而皇之的偷窃。

她带我到一个手机专卖店，里面全是山寨手机，她帮我挑选一个个手机，拿在手上，先是把外观看了一遍，还拆开后盖，卸下电池，仔细察看，然后点试手机里的应用和功能。她后来拿起一款超大屏幕，后盖镀着银漆的手机，问老板多少钱，一直从五百块讲到了三百块，她的伶牙俐齿简直让我目瞪口呆。而且她还口吐许多专业术语，什么烤漆、电镀……

直把老板说得哑口无言，最后叹口气，摇摇头说："你们做手机的，想挣你们的钱真不容易。"最后我付钱，拿走了那款手机。

我们走在大街上，她让我坐在绿化带的水泥沿上，说能给我指出路上谁是小偷扒手。于是，我就顺着她手指的方向看去，果然有人鬼鬼祟祟地跟在那些粗心大意、毫无戒心的女性身后。

我眼睁睁看着小偷将手伸进一个女孩子身侧的挎包里掏出手机，掏出钱包；还看到他被一个反应警觉的女人发现，而他根本无视女人的双目怒瞪，耸耸肩，一甩头又去寻找下一个猎物了。

我就这么看着，像是看一场戏剧，自始自终都没有站出来吼一声，或者去抓住那个小偷。在这样一个世风日下的社会，大家都已经麻木，司空见惯，唯有靠警惕和莫管闲事来保护自己。

一直晃悠到下午五点多，她请我吃拉面，告诉我她男朋友也要来深圳找工作。她说我可以跟他一块去，因为她男朋友以前就在 F 公司干过，现在回来重新应聘，能够帮我通过简单的面试。最后她说，不要忘了说是 E 栋组装厂的孙倩介绍来的，因为公司会给每个介绍人发五十块钱奖金。而如果通过外面的中介机构，我至少要多交两百块钱的手续费。

孙倩告诉我她男朋友叫刘军，我大脑没经过思考就问她王力是谁，她说那是他前男友。两人沉默了一会儿，孙倩突然说："王力死了。"她接着说，"有一天晚上下班路上，王力被一伙人抢劫，可是他身上一分钱都没有，加上他自己脾气火爆，双方拉扯起来。那帮劫匪恼羞成怒，把他痛打一顿，扔在路边，第二天早上才被人发现，送到医院终是不治身亡，而凶手到现在还没有被抓到。"

这是我来深圳听到的第一个悲伤的故事，给我极大的触动。这种事的发生还在继续，哪天发生在我身上我也不该大惊小怪。我们再次沉默了很久，后来她去上晚班，我也回到了小旅馆。

4

第二天（初十）我起了个大早，就去北门招工处应聘。孙倩刚好下夜班，和她男朋友在等我，一个和我同龄的小伙子，与孙倩一样性格爽朗，乐于助人。我和他排在最前面，后面陆陆续续地排起长龙。

一直到九点，招聘的人来了，放我和刘军进去，什么也不问，居然让我做俯卧撑，刘军在一旁笑，看着我憋着通红的脸做了三十个俯卧撑，起来时已经双手打战。招聘人员给我一份表格，让我填好交上。

然后是刘军，也是什么都不问，直接让他做仰卧起坐，他一口气做了五十个，起来也填一份表格。就这样我们都通过了面试，正式进入工厂，各自成为这庞大机器上的一颗螺丝钉。

这里是一片军事化管理的厂区，外面的人如果没有厂牌根本不允许进入，每一个进出口都有戴着厂牌、拿着电棍的保安站岗。而这些保安都是拿鸡毛当令箭的势利之人，厂牌没戴好他们便会训斥你一番，带着包的避免不了被翻个底朝天，也不是怕你把公司机密和专利带出去，他们对于公司高管是断然不敢搜包和吆喝的。

进入厂区，就是一栋栋白色幕墙的大型、现代化、方方正正的厂房，就像一个个矩形的集装箱，据说这还是董事长从西方请来的建筑师设计的，美其名曰"现代化工业艺术造型"。每栋厂房下都堆积着成排的集装箱，叉车在其间游刃有余地穿行、运输，穿着白色或红色工服的工人在指挥清点着，一派忙碌的景象。

我和刘军被领队带着去宿舍区，我还沉浸在初来乍到的新鲜劲中，刘军就以老员工的口吻向我讲解着里面的门门道道。开着高尔夫球场专用车的是巡逻的保安，也有巡视的高层，一般员工也不是不能乘坐的，除非你有特殊开具的证明。

刘军说他认识一个开车的工友，有机会可以带我坐一坐。当我四处观望，对未来充满期待之时，刘军突然把我往前面一拽，一辆载着两节半人高箱子的叉车从我身旁猛然驶过，顿时吓得我心惊肉跳。

刘军破口大骂："开车不长眼啊，老子去投诉你！"而开叉车的员工做出一副满不在乎的表情，看样子理都懒得理，他熟练地卸下货，把车开走了。

刘军告诉我，去年一个叉车卸货时，因为前面货箱太高，疏忽的司机竟然将一个年轻的员工给活活挤死了。死亡员工的家属来公司闹事，当事员工、组长、科长全部被开除，副总记一大过，取消当年年终奖和绩效奖。

最终处理结果是，赔偿死者家属二十万，公司在出事地点祭魂，搭了一个台子，白布遮顶，四根立柱也挂满白纱布，台子中间摆着火盆，一连烧了三天纸钱，最后才息事宁人。公司也从中吸取了教训，开叉车的员工一律要经过严格的培训，取得内部驾驶执照才能上车操作。

对于刚才的一幕，如果刘军带我去投诉，那个傲慢的员工是再也不能去开叉车了，而且很有可能被开除，因此失掉工作。

领队带着我们进入宿舍区，八人间，上下铺，能洗澡，还有独立卫生间，带一个阳台。我跟刘军分到一个宿舍，我睡上铺，刘军睡在我下铺，其他几个人也都是新来的。

因为都是年轻人，相互介绍了一下，就叽叽喳喳地聊了起来。有一个叫张亮的工友，居然信基督教，和我睡在一边，头对头。我看着他把一本圣经放在铺好的床头，还拿出一个十字架挂在撑蚊帐的横杆上，就在我们头对头中间。

他问我们有没有弟兄，刘军哈哈大笑说都是兄弟。

5

下午，我们就被分到了 E 栋手机制造处，刘军拉我去了物流组。组长跟我们讲了一下分工，主要就是将产线上检验合格、打包好的产品用手推叉车运到物流仓库。组长对我们说，不要小瞧物流这一行，里面有很多学问，E 栋厂长以前就是干物流的，一步一步往上爬，九年升到副厂长，升职速度至今无人能及。

刘军是厂里的老油条，他不信这一套，因为那时是公司创业之初，而现在，公司庞大，体系臃肿，到处都是当一天和尚撞一天钟的工人。他教我如何打混（就是偷懒），公司向来就是把女人当男人使，把男人当机器人用，能在这里长久待下去的都是会打混的人。

正如刘军所言，干物流还算比较轻松，不像在流水线上，一站就是一上午、一下午，一天下来，全身酸软。不过流水线上的员工告诉我，他们早就习惯了，也没有那么"腰酸背痛腿抽筋"。

我摇摇头，还是挺同情他们的，打死我我也不去流水线当一个麻木的机器人。而我们可以在运货途中偷懒，不会被人监视。有时候出去拉货，碰到一个下坡路，我们就踩在叉车上呼啸而过，就像踩着滑板，超级拉风。不忙的时候我们还可以躲进成堆的货物中间睡觉，有的物流甚至把货物箱堆成一个围城，躲在里面抽烟打牌。当然，那都是一些资深的老油条。

E栋楼里，有三个分厂：成型厂生产手机壳；烤漆厂喷涂油漆，手机壳的外装颜色就在这里决定；组装厂进行组装，打包出厂。环境最为恶劣的就是成型厂和烤漆厂，因为成型要熔化塑胶粒，会散发出各种化学物质，整个成型车间就是笼罩在这些化学物质的气味中，使人昏昏欲睡；而烤漆厂的喷涂室里，虽然有水幕过滤装置，但调试的作业员还是置身于漆雾中，他们为了方便，甚至不戴口罩，而按照正规操作，是需要戴防毒面罩的。

很显然，成型厂和烤漆厂男工比较多，而组装厂则需要大量心灵手巧的女工完成繁复精细的组装任务。宽敞的组装车间，一条条生产流水线，站满了身着白色静电服的普工，大部分都是女工，俨然一个女儿国。

机器"咔嚓咔嚓"有规律地响着，时间间隔都是设定好的，站在流水线上必须跟上机器的节奏，否则就会导致产品积压，甚至会发生工程事故，所以员工必须时刻保持清醒的头脑和绝对的警惕。好几次我从组装车间经过，都禁不住绷紧神经，集中注意力，小心翼翼地走过，生怕一不留神就会被那一条条生产流水线上冰冷生硬的机器吞噬。

我对这个场景记忆犹新,因为二月十五早上上班,我拖着叉车去拉货,就听到了组装厂的员工私底下在讨论昨晚发生的事:有人跳楼了。

前一天就是情人节,当天晚班,组装厂的一个女工爬上了 E 栋和 F 栋两栋楼之间的天桥,纵身而下,虽然只有四层楼高,但她还是当场摔死了。

死亡原因后来得知,为情所困。

男方也是组装厂的一个员工,当天晚上就被喊去协查,据说这桩惨案的发生只不过是因为他忘了给女朋友买礼物。这样的悲剧每天都在上演,但马上就会被人们忘却,而后又接着发生。男工后来被辞退,女方家人来收尸,带走了十万赔偿金,事情也不了了之。这是公司针对此类事件一贯的应对手段,金钱换来沉默。整个中国,煤矿、大火、交通事故……向来如此。

6

三月十号发工资,我拿到了在 F 公司的第一笔工资——1980 块钱。

一下班,我就去银行自助取款机取钱,此时取款机前已经排起了长龙,等了半个小时才轮到我。有的人急着给家里寄钱,有的是月光族等着花钱,还有的是拆东墙补西墙的刷卡族。我就听到一个哥们说,他刷信用卡三个月没还，导致银行直接打电话给他父母。

为了感谢孙倩和刘军对我的照顾，当天晚上我先是请他们吃饭，然后去KTV唱歌。

唱歌的时候，我拿着麦深情地演唱着《完美生活》："我多想看到你，那依旧灿烂的笑容……"

后来我发现孙倩和刘军在小声地争吵着。

"我不想做手术，我要把孩子生下来。"

"现在不是时候，我们还没有结婚。"

"……"

"回家领证……"

"我们都没钱，怎么养活孩子？"

"给你妈带。"

"她不会同意我们结婚的！"

"……"

隐约能听出来他们在谈论什么，越来越觉得气氛不对，我便问他们要不要唱，刘军有口无心地唱了几个，把麦交给孙倩，孙倩仍旧闷闷不乐，没有好脸色。我不知道该做点什么，很尴尬，到了十一点，我提议回厂区。刘军和孙倩让我一个人先回去，他们要商量点事。

当我走进厂区，已经十二点了，正是晚班吃饭的时候。汹涌的人流从各栋厂房涌出，奔向就近的食堂。我在人群逆流中，难以阻挡这股汹涌的力量，这是我在深圳最为深刻的一点体会。在内地在北方，人们从来没有如此匆忙过。每天上班，你基本上是被奔波的人流赶着往前走，很多人都是一手拿着早点，边吃边走，紧绷神经，不敢松懈。

难怪有数据统计，这里的人均寿命要比内地少十年，在这里，心脏都要有异于常人的抗压能力。

而在 F 公司，这个劳动密集型的工厂里，生产线的麻木无情，人群之间的冷漠，又谈何人性化管理？少得可怜的工资更导致普工们往往主动要求加班。虽然有各种缺点，但 F 公司作为世界 500 强企业，工资按时发放，加班工资 1.5 倍，节假日 2~3 倍，医疗养老工伤保险都算得清清楚楚。

虽说工人们怨声载道，但在打工者遍布的深圳，甚至广东，声望还是要好于那些没有任何保障的小公司和家庭作坊。像刘军，以前在这里打了两年工，后来又去东莞等地，心里一比较，发现还是 F 公司好，不会拖欠工资，包吃包住，每个月挣的钱除了自己花销，还能寄点回家。

当然，拥有二十万员工的 F 公司也容易吸引外界的关注，任何风吹草动都会引起各种猜测、质疑和诘问。于是危机处理团队应运而生，新闻发言人、法律援助、政府公关……它俨然成为一个独立的王国。

F 公司总裁有句名言："独裁造就效率。"他的军事化管理手段也必然导致内部的各种矛盾，而底层的员工就是被压榨的羔羊——大多数都是沉默的羔羊。

我回到宿舍，躺在床上，被一路走回来的沉闷搅扰得睡不着觉。

刘军一直没有回来，我猜想他们又去开房了，但又隐隐为他们的争吵感到担心。果然第二天，流言四处传播，说是发工资的当晚有两个人跳楼自杀了。我还没起床，晚班回来的工友就告诉我这个消息。
我第一时间就想到刘军和孙倩，赶紧给刘军打电话，电话不通，孙倩也是关机，顿时我便预感到了不祥。

爬起床，我心中忐忑不安，也没有胃口吃早饭，赶紧赶到 E 栋厂房。因为还没有交接班，工友都说没有看见刘军，我焦急如热锅上的蚂蚁。

刘军和孙倩是我来深圳认识的最好的朋友，刚到深圳就是孙倩帮助了我，工作上也是刘军带着我学会使用叉车、登记物料、识别各种产品，以及仓库管理等事务。没有他们，我在深圳将无依无靠，少不了要走很多弯路，甚至流落街头，他们也把我当作真正的朋友，但昨晚的事，他们不和我说，我真的很生气，很痛心。

我并没有放弃寻找刘军，心里暗暗为他们祈祷，希望跳楼的两个人不是他们。我想到去物料仓看看，翻上一个个物料箱，大多都是昨晚堆好的，等待白班出厂。

当我搬开在仓库角落的一堆货物时，终于发现了刘军，他正在里面沉沉死睡。我赶紧摇醒他，问他孙倩在哪。刘军睡眼惺忪地说，在宿舍吧。我告诉他昨晚又有人跳楼了，他一下子跳起来，赶紧给孙倩打电话，这回她接了，已经上班了，在厂房里，我们俩顿时大松一口气。

后来刘军告诉我，孙倩意外怀孕，他带她去做了人流手术。这种事在年轻的打工者中很常见，而且厂区周围到处都是无痛人流的广告，那些传单都发到了厂区大门口，连平时作威作福、狗仗人势的保安们都无可奈何。

走在拥挤的上下班人群中，你总能看到一两个大肚子的年轻女工，在那些稚幼的脸庞上，也能看到冲动过后留下的悔恨和忧虑。

那两个在同一天晚上跳楼自杀的员工并不是在同一栋楼上，调查显示他们之间毫无关系。但这次自杀事件很显然不能瞒天过海，况且在这么多人的一个厂区，外界很快就知道了事件的细节。一个是因为赌博，欠债累累，微薄的工资根本不能弥补天大的漏洞，不堪重压之下选择一死了之；另一个则是经过深思熟虑才做出这样的选择。

之前已经讲过，以前自杀的员工都能获得 10 万元的经济补偿，以此换取他们的沉默，这位员工的遗书证明了这一点。当时深圳的基本月工资是960元，而底层员工，通过超负荷的加班，每个月最多也只能拿到2000元。所以他选择了自杀，通过自杀的方式给家里留下5年甚至更久才能得到的巨款。

这一恶果可能导致更多员工效仿，最后，公司经过曲折强大的公关，知会政府，收买媒体，才将此事件在一个星期内压了下去。

二十万人左右的员工，依然忙忙碌碌地工作着，生活着，被一种无形的力量驱赶向前……

7

"三连跳"之后不久，在三月底又发生了第四跳，是成型厂一个精神错乱的女工。

我体验过成型厂的恶劣环境，有人自杀也不是奇怪的事。医学上已经证明塑胶化纤会挥发有毒物质，比如一个矿泉水瓶不能长久使用，新装修的房子不能马上住人。

手机部件都是塑胶粒熔化后经过模具成型的，塑胶粒首先要在烘干器里进行几个小时的烘干，被吸入机台后，又要经过高温熔化。整个成型厂充满了未知的化学气体，无异于一个毒气室，谁都知道这会在生理上对人体造成多大的损伤。

至于精神上的压抑乃至错乱也是毋庸置疑的，成型机台和机器人抓手驱使着工人也像机器人一样，不得不保持同步工作。

F公司员工基数大，即使每年死一二十个也比日本自杀率要低，这是公司新闻发言人对外说的。每年，F公司都会招进大量员工，而且还有很多大学生，甚至每个月都有几百几千的出入量。来的多，去的也多，来来去去这么多，最重要的原因是大家在这里没有归属感。能够一直待上两年的人很少，我听组长说过，每过一年，你看到的基本上都是新鲜面孔。就像生命体，据说七天就会换一次血，七天后你就不再是从前的你。F公司也是一个生命体，它通过换血来维持庞大机体的运转。人生无常，我不知道明年的今天我是否还在这里，我甚至不知道明天会发生什么。

我问过张亮，就是同一个宿舍信奉基督的那位工友，我问他自杀是不是一种罪过。

他告诉我，基督教是不允许自杀的，人是上帝造的，他的身体是属于神的，是不能随意自我抛弃的。他还惋惜地说，如果那些跳楼的员工信了耶稣就不会自杀，然后问我要不要信。虽然我相信人是有罪过的，比如贪婪、嫉妒、淫欲等等都是罪恶，但是从小的唯物主义教育使我对他持有怀疑态度。

为什么我们只有信他才会被拯救，难道不信的人就活该受惩罚、被折磨？那些站在高楼之上绝望的人，上帝为什么不让他们看到曙光，而任由他们跳下去？

张亮说，这是撒旦在作祟，意志薄弱的人就容易被魅惑。张亮也承认，即使信奉基督的人也可能被引入歧途，因为撒旦本来也是上帝的天使。那么信与不信又有什么区别？我质疑道，我宁愿相信，宗教只是为了树立一种道德规范。

张亮说，基督是超越道德和法律的。

张亮给我讲起他过往的故事：高三快要高考时，他突然生病了。开始只是小感冒，流鼻涕，后来一直咳嗽，每一下咳嗽，内脏就会撕心裂肺地痛。检查出来是肺炎，一直治不好，最终医生也无可奈何。他原本被高三的学习压力折磨得快要发疯，居然希望就这样一直躺在医院，逃避高考。他不知道，自己已经濒临死亡的边缘，渐渐地被发热、咳嗽侵袭得失去了意识，整天胡言乱语。这时他奶奶来了，一个虔诚的基督教徒，守在他的床前，为他祷告、诵经。

他犹如一个在沙漠中快要渴死的旅人，突然发现了一眼甘泉、一道曙光，捧起泉眼里的水，甘甜得沁人心脾，一口又一口……是奶奶的祷告让他重新发现了生的希望，给了他活下去的力量和信念。即使后来高考失利，他也没有哀怨，依然奉耶稣为他唯一的主宰。

我对他说，有一种解释和你的经历非常契合，精神科的医生认为有自杀念头的人就像是患了一种无药可治的病，最终只能是死亡。

张亮寻到了耶稣，就是找到了他的再生良药。又比如，为情所困的人，陷入一种病态，他们自己没办法解脱，亲人朋友医生无法成全和开导，却还要去指责他们不负责任。再比如欠债的人，没有能力偿还债务，就如同身患大疾的人无钱治病，亲人朋友不借钱，医院不通融，见死不救，最后必然酿成悲剧。

正因为这样，我们才需要呼唤人心温暖的回归。F 公司高层也深知这一点，"四连跳"之后，工会成立了心理咨询小组，设立了爱心专线，各个部门组织聚餐、唱歌、郊游，这些措施在一定程度上短期内缓解了员工们的压力和恐慌。

8

厂区内有一家学而优书店，是公司邀请进来开的，对员工八折优惠。年轻员工大多都是文化程度较低的外来务工者，开书店不仅能展现公司的品位，也是提高员工修养的一个途径。

每天中午下午吃饭的空档，书店内就挤满了人，捧着书的，倚着书架蹲在地上的，清一色的员工制服，男工的是白色和黑色，女工的是红色，店里放着舒缓的音乐，让人的心一下子就安静了下来，忘掉了人群的嘈杂、机器的轰鸣，仿佛置身世外桃源。

四月中旬的一个下午，下班后，我走进这家书店，浏览着摆在书架上的书籍。好书推荐的书架上摆着公司总裁的自传《虎与狐》，以及各种管理书籍《思考的技术》《执行力》《西格玛管理法》，等等。每个角落都站着人，我来到一处人少的书架前，是散文诗歌区，拿下一本林徽因的《你是人间的四月天》翻看着：

"我说你是人间的四月天，
笑响点亮了四面风，轻灵
在春的光艳中交舞着变。
……
你是一树一树的花开，是燕
在梁间呢喃，——你是爱，是暖，
是希望，你是人间的四月天！"

如此干净简单的诗句一下子就让我如沐春风，吹走一天的疲惫。我又读了几首，但都不如这首好，粗略翻了一遍放下。又拿起书架上的一本《拜伦雪莱济慈抒情诗精选集》，葱绿色的封面，犹如一片绿洲映入眼帘，一片绿叶唤醒另一片树叶。翻开一看，是中英文对照的，很多单词、语法都不懂，只能怪自己当初没学好英语。

我看到雪莱的《西风颂》，里面有那句传诵至今的诗句："冬天来了，春天还会远吗？"南方的春天早就来了，四月就有二十多度的高温，而且还不用担心倒春寒。

南方的乞丐都比北方的要幸福，如果在海南，根本不用担心冻死。我在心里暗想，有生之年，一定要去一次天涯海角。

"你要买这本书吗？"我正看得入迷，听见一个女人问道。

我抬起头，一个穿红色制服的女工正看着我，她扎着马尾辫，皮肤比一般女工要白，身材苗条。我承认当时一下子被她吸引了，心跳加速，那恬静端庄的仪容让我感到窒息。

她的气质让我有些自卑，我肯定她不是一般的女工，可能是女工程师或者办公室人员。她的年龄看起来也要比我大，有一种成熟的韵味和高傲，如那首诗里"夜夜的月圆"。

"不买，我看看。"我的声音有些颤抖。

"看完了吗？"她说。

"没有，你要买吗？"我问她。

"你先看吧，我一会儿再买。"

"只有一本吗？"我问她，一边往书架上看去，确实只有一本，"给你，我不看了。"

"哦，谢谢你！"她接过我递过去的书，转身去结账，准备离开。

我看着她的背影，离我越来越远，内心仿佛一点点被抽空。我鼓起勇气，跟上去，问她："以后能借给我看看吗？"

她盯着我，愣了一下，空气似乎凝滞了。过了几秒钟她才说："可以啊，你记着我的电话号码吧，136××××××××，田慧。"

我记下了她的号码，又给她打过去。她对我说："我经常来这里，看到我可以和我打声招呼。"我点头说好。

9

那次短暂的见面之后，每天下班我就去学而优书店，期待还能看到她的身影。过了两周，我才再次见到她，喜悦之情溢于言表。我请她喝奶茶，她也答应了，这让我非常激动。

正如我之前想过的，她不是一个底层的打工仔，而是一个大专毕业生，一个质检工程师。F 公司按照严格的等级将员工划分成 18 个级别，3 个员级，15 个师级，总裁是师 15，本科生进来就是师 2，专科生师 1，普工没有级别。像我这样刚进来的就是普工，干几年才会升为员级，田慧是师 1，和我差了四个级别，但她并没有看不起我的意思，或许是比我大、成熟的缘故。

田慧在工厂已经干了两年，所以她至少比我大三岁。我还没有谈过恋爱，但我相信自己喜欢上了她。我一再幻想在书店见到她的场景，并为此创造机会，我把微薄的工资拿来请她喝茶、吃饭，我希望待在她身边久一点儿，呼吸她的气息，感受她的温度。

我想介绍她认识刘军和孙倩，但她从来不想见。她和我谈论书中的诗句和哲言，我在高中的时候就只有语文成绩值得骄傲，所以在这方面，我们有很多话题。

后来我告诉她，她像白云，又像白雪，而我像一个无知的孩子，爱上了这些转瞬即逝的事物。我斗胆牵了她的手，搂着她的腰，但没有敢吻她。

直到一个周六的晚上，我们照样从书店出来，出去吃饭。往回走的时候，我牵着她的手，她突然站住，面对面地看着我，就那样亲了我的嘴唇……我顿时懵住了，不知所措，她突然问我，想不想去开房。我发誓，自始至终我都没有这个想法，能牵着她的手我就感到莫大的幸福，而今晚的这个吻，足以让我回味好些天。她又说，想我抱着她睡觉。

我被她拉着，往那条有很多旅馆的街上走，大脑一片空白。

这是我的第一次，如你所想，自然糟糕透顶。

事后，我垂头丧气地躺在她身边。她跟我谈起了徐志摩和海子，谈了诗人的爱情，后来趴在我身上，开始低声抽泣，我不知道她为什么会这样，更不知道该如何安慰，只是紧紧地搂着她，一直到后来睡着了。

当我醒来，田慧已经不在了。我拨打她的手机，提示对方关机。周日一整天，我待在书店，却没有等到她。

周一的时候，我又听到了一个悲剧，第五跳。

这次事件使得公司之前所有的努力都付之流水：一个台湾籍员工强奸女工不遂，对方不堪凌辱跳楼身亡。所有的员工都知道台湾人在公司的地位，毕竟这是一家台资企业。高层主管基本上都是台湾人，大陆干部顶多混到中层，陆干必定要受台干掣肘。久而久之，公司里就产生了众多拍马屁的员工，不止拍台湾人的马屁，还拍高你级别的员工马屁。E栋厂长从前就是物流出身，谁也不怀疑他的马屁功夫，要不然也混不到厂长。

据说这次事件的当事台湾人，就是C栋厂长，底下溜须拍马之辈经常带他出入各大酒吧歌厅，吃喝嫖赌样样俱全。周日晚上，这个道貌岸然的无耻之徒一身酒气去厂区巡查，色胆包天，意欲对一个女工不轨，终于造成悲剧。

赔偿金已经涨到二十万了。

每一次跳楼事件发生后，都会有很多版本的传言，有人说这次是陆干陷害台干，利用机会排除障碍。

在深圳，在关外，我时常有人如虫蚁的感慨，更多的人只会关注这个事件，而不是事件受害者，很快他们就会被彻底遗忘，只有在家人朋友的内心留下永久的伤痕。

我打听到消息，排除了死者是田慧的可能，但我又怀疑"田慧"只是个假名。整整一周，我都没有再见到她，她的手机号码也终于停机了。这让我异常沮丧，在偌大的厂区，十几万人口中难道我就这样把她丢了？

混在拥挤的上下班员工中，千篇一律的工服，我希望再次看到她，可是没有，再也没有，她仿佛真的如一朵白云飘走了，像一场白雪融化了。

10

失恋之后，刘军和孙倩带我去喝酒，打桌球。他们说要给我介绍一个普通的女工，那样才算门当户对，可我一点儿兴趣都没有。

我一直认为自己是一个专一的人，第一次就这样失去了，我说再也不会爱了。孙倩笑了笑，对我说，以前她也那么认为，但碰到刘军后，她又找回了曾经的热情。

就像春天，逝去了还会再来，他们说我以后会碰到更好的。

孙倩给我介绍了几个同宿舍的女生，说到一个叫张丽的，曾经住过精神病院。原来她上高中，家里人对她寄予厚望，高考失利后就精神变得不正常，读了一个大专。但在学校里，有时半夜起床坐在窗户边，自言自语，害得宿舍里的姐妹们提心吊胆。她也不怎么与人说话，经常一个人躲在厕所半天不出来。读了半年大学，老师建议她休学半年，因为也怕担责任，家里人就送她进精神病院了。

治疗了半年，出来后还是不能适应大学生活，只有退学来打工了。每天她都要吃好几次药，克服头疼、稳定情绪。住在孙倩宿舍，她们更是不敢掉以轻心，经常陪她去看心理医生，参加活动，聊天谈心。

孙倩开玩笑，让我做她男朋友，那样说不定人就好了，吓得我连连摇头。

没有爱情的生活只有通过工作来打发时间，每天我和刘军推着叉车，从成型厂到烤漆厂，到组装厂，或者偷懒到楼外抽根烟。不忙的时候就找个隐蔽的角落玩手机，中午还能躲在货物堆里睡觉。有时候实在苦闷，就去组装厂车间找女工聊天，其实大多数人都比较苦闷，聊天能放松一下心情。

一直在流水线边工作的员工，其实边做边说话更有效率，一个人不说话时间过得更慢，更让人发疯。谁都不愿意面对着死气沉沉的机器一个小时接一个小时，尤其是那些年纪轻轻、内心充满躁动的"90后"。这些刚从高中或中专出来的年轻人，如何受得了做一颗螺丝钉的寂寞，何况，这颗螺丝钉还是随时可以换掉的。

组装厂是做手机装配的，五月份的时候接到了"苹果"的订单，而最新的 iPhone 手机就是从这里组装，然后出口到世界各地的。虽然我买不起那么高档的手机，但我看到了它们的组装过程，还能偷偷地摸摸试玩一会儿。俗话说的好，没吃过猪肉还没见过猪跑吗？

呵呵。

我有空就跑到组装厂去溜达，看他们组装苹果手机，里面的员工都穿着无尘服，戴着口罩和指套，防止产生静电。有些女工还拿着手机自拍，后来流传到英国的一部手机里就发现了 F 公司员工的自拍照，网络上称之为"iPhone girl"。

因为我不是组装厂的员工，所以进入车间后，里面线长、组长也懒得管我。那天，我又去了组装车间，晃悠到"苹果"生产线上，看到流水线的最后处摆放着许多托盘产品，右边的是检测过的，左边还有很多没有检测完。

我看见质检人员不在，就蹭过去。检测好的产品每盘 8 个，每一摞 5 盘，40 个要装一箱。我怕被巡查的人看见，就从 5 张托盘的中间一个托盘里拿出一部检测好的手机。

正当我研究着手机功能时，质检人员站在我身边大声呵斥："放下来！"吓得我差点没拿住手机，赶紧将它放在一边，笑着脸说："就看看，用得着这么大声吗？"然后灰溜溜地跑了。

这件事过去一个多星期之后，又一起跳楼事件引起了我对这个细节的回忆：我没有把手机放回原位。我不知道后来质检人员有没有发现，按理说装箱的时候还会再检查一遍，这样出厂才不会出现差错。

可是这次跳楼事件，就是因为样品的遗失导致的。

事件迅速在网络上流传，最重要的一个原因，跳楼的是一个大学生，哈尔滨工业大学国际贸易专业毕业的一个师二级工程师。他的同学在网上详细地讲述了事情的起因和发展：两箱寄送到苹果公司的样品被发现少了两部手机，于是客户要求代工厂商严查。

"苹果"的手机在世界各地流行，它的样品就是公司机密，关系到商业竞争甚至一个企业的命运。F公司保卫科开始审问寄发产品的工程师，言语辱骂之难听，是否动用暴力以及长时间非法拘禁，我们不得而知。网络转帖见风是雨，一个刚刚工作的大学生为了人格和尊严，从十四层高楼上一跃而下，网友无不为之震惊。

我甚至为自己开脱，我没有放回去的只有一个，而丢失的是两个。我把它放在一边，可能是左边，也可能是右边，况且它不在托盘里，质检人员也应该把它放回去。

至于装箱之前，更有复查这一道工序，况且在产线上只是初检，入库之前还有二检，二检不合格的还得返工重检。我设想一个个天衣无缝的细节安慰自己，但内心一直无法释怀，这个痛苦的回忆也久久挥之不去。

开始的几天，我辗转反侧，并把内心的纠结讲给张亮听，他让我忏悔。我说不能确定是我的过失导致他人自杀，他又让我请求上帝的原谅，以期得到内心的解脱。虽然得到了些许平静，但我再也不敢踏入组装车间了，每次要去那里收货，就推辞让刘军去。

11

六月底，孙倩宿舍的张丽跳楼自杀了。

那时刘军刚请假回老家河南，我看到孙倩精神恍惚，曾经活泼好动的女孩子变得不爱说话，而我根本没有想到还有其他原因。

张丽就是从她们宿舍的窗户跳下去的，当天她们宿舍的姐妹就要求调换房间。公司没办法，只得把那间宿舍暂时封闭了，把另外七个女生分配到别的宿舍。我找孙倩出来打台球，想让她放松，不要过于放在心上，出这种事毕竟不是她的责任。

频频发生的自杀事件已经让很多员工都麻木了，他们每天都开玩笑问："昨天晚上有没有人跳楼？"我担心死亡的触角染指孙倩，希望刘军早点回来，多陪陪她。

然而两个星期过去了，刘军还没有回来，终于从他老家传来消息：上吊自杀。得知此事，我内心几乎是崩溃的，为什么我的身边到处都笼罩着死亡的气息？

我找到孙倩，她的眼睛都哭肿了，情绪也快要崩溃。每天下班，我陪她去吃饭，到公园里坐坐，她都是一言不发。直到第五天，她才向我道出刘军自杀的隐情。原来他们已经商量要结婚，刘军这次回老家就是去和家里人商量婚礼的事情，但他家里人死活不同意。

去年过年，孙倩就去了他老家，可是刘军父母对她印象不好，说她手上有刺青，两家又不是一个省份的，离得太远。刘军固执己见，情急之下还把孙倩流产的事情说了出来，这样他家里人更加不同意，怕她以后不能生孩子。

就是这一点，让孙倩很自卑，伤心，痛恨。

自从刘军走了，我也变得萎靡不振。以前我们俩常常一起推着叉车送货，我话少，他话多，是他教会了我很多东西。单调的工作间隙，他常给我讲一些奇闻怪事，偶尔还讲一个黄色笑话。现在，我一个人来来回回、上上下下地拖着叉车，奔波在各个车间，希望通过忙碌的工作将脑海里乱七八糟的想法全部排出。我也考虑过离开这里，但是又不知道何去何从，哪里不都是一样吗，外面的世界只会是一个更大的工厂。

对于我这样一个没有学历，又没有技术的农民工，生存只会更加艰难。直到孙倩自杀，我才彻底下定决心离开 F 公司，离开深圳，离开广东。

孙倩自杀是 F 公司半年内的第九跳，她留下的遗书是将 20 万赔偿金分一半给刘军家。个中原因我已经了然在心，但她选择的自杀方式还是让我心有余悸。各种迹象显示，跳楼前，她已经将左手动脉割断。

据说她是半夜从宿舍走出去的，鲜血顺着宿舍延伸至走廊，五层楼梯，直到楼顶。很显然，她还在楼顶上想了很长时间，地上的一大滩鲜血就是证据，或许只有我知道她当时在想什么吧。

即使宿舍楼下被清洗干净，我还是能看见那红色液体曾经存在的痕迹。睡梦里我甚至看见孙倩一身鲜血，两眼圆瞪躺在地上，汗水浸透了我的背心。

我坐在阳台上，看着乌云在眼前快速飘过，雨水飘洒在厂区里，清洗着这座围城。

台风带走了深圳的炙热，整个关外也湿润了下来。它还带走了很多人的足迹，生命的精灵，污秽和沉重都被带走了。
然而纯真，就像雨过天晴后的彩虹，短暂易逝。

本命记

我让他放心，随手关上门，一个人回到火锅旁，把剩下的酒喝完，我决定去爷爷那边看看，村子另一头的山脚下，沿着父亲四十五年前走过的路。路过太爷爷和太奶奶的坟墓时，我特意看了下，两个坟墓中间确实没有落雪，于是我相信世间真的有奇异之事发生。快到爷爷的屋子时，我再次看到三三两两的水坑，稀稀疏疏的雪沫在飘洒、融化，父亲难道真的从这里穿越过时空之门？

2011 年年初，我从深圳落魄归来，湖北很冷，于是直接回了何桥村。之前和老娘吵了一架，被骂没有出息。我心里甚是委屈，我是自愿辞职，又不是被辞退。回到家，她去了外婆家，说暂时不想看到我。
外婆八十多岁了，身体健朗得很，还老爱骂我娘，骂她没出息。

幸好有父亲陪我。一个风雪之夜，他从大队里打了一壶谷酒，用炉子煮了一锅鱼杂碎，我们就在腾腾上升的雾气中边喝边聊。
父亲这些年并不能喝酒，因为早些年喝得厉害，后来高血压、高胆固醇各种顽症一起来，差不多就戒了。我记得小时候，他一喝多就发酒疯，追着人打，最后都是老娘指挥着我们七手八脚地把他抬上床，还在床头放一个瓷盆，以防他吐得遍地都是。

父亲平时话少，喝了酒话匣子就打开了，即使是在一个拘谨的儿子面前。可他讲出的话十之七八有吹牛的成分，只能当故事来听，有的事我听了不下一百遍，比如他爷爷奶奶，也就是我太爷爷太奶奶葬在一起，雪天的时候，两个人坟墓的中间却不落雪。

这事我没证实，坟墓在村子的另一头山上，只有爷爷一个人守在山下的小屋子里。

又比如"文化大革命"的事，他沾酒必谈，多少有些炫耀的成分。

1966 年，父亲刚好十五岁，读高中，可那时候学校不大上课，整天挖水库修渠道，开山种菜，年轻人都耐不住寂寞，于是跟着闹革命。父亲和同学某天半夜从学校里逃出来，半路拦下一辆车，去了县城。

我问父亲："人家凭啥免费载你？"父亲颇为得意地说："我们戴了红袖章。"而我觉得这和抢劫没什么区别。父亲又说坐火车也不要钱，他们坐了三天三夜，终于到了北京。我说火车慢也不用三天三夜啊，咱这又不是海南岛。

父亲瞥了我一眼："海南岛还要坐船，不像现在，火车头几个小时就到了。"他总爱把子弹头说成火车头。可是故事讲到这里就结束了，每次父亲欲说还休，然后就要上床睡觉了，我就在床头放一个瓷盆。

那十年间的事他一样也没跟我们讲，以至于我怀疑他是否去过北京。只是在我小时候，他和同事们花公款去了一趟，旅游回来带了许多难吃的果脯。我在家里的旧相册中看到过一张父亲年轻时候的照片，标志性的板寸头，穿着绿军装，挺直英俊，腰间还挎着把手枪。

那些旧照片本来都有年份日期的，可这张却没有，而且照片里的人看着也比父亲要高，我问他："怎么没戴红袖章？"父亲支支吾吾，又说我不懂。

我说那枪也是假的吧，父亲就追着要打我。

谷酒喝了大半壶，却并不容易醉，我一直认为外面的酒都不如何桥村自酿的——用一个大瓮密封着，摆在大队杂货店的门旁，买酒的时候店主拿着杆秤舀给你，还有什么比这更富有诗情画意？更何况是在这么一个风雪之夜。

父亲满面红光，刚讲完他坐火车去了北京，我说扶他去休息，他却突然说要给我讲一个秘密。我顿时好奇心起，觉得他可能要讲去北京以后的事了，于是给自己倒了一盅酒，镇定下来，开始听他回忆。

1966 年 11 月 10 日，父亲和同学在天安门广场受到毛主席和林副主席的接见，父亲说他和林彪握了手，但我怀疑其真实性，林彪是黄冈的，算是我们老乡，我小时候就听父亲说过，可这并不是什么光荣的事，林彪后来叛变了，坠机摔死在蒙古。

父亲讲到他在北京干过破四旧搞批斗，也没有什么新鲜内容，都是野史上能了解到的，年轻人的狂热根本上就是青春期的躁动。父亲在北京待了两个月，见过"大世面"，以为能干些大事，于是就回老家，准备改造农村。又是坐火车不要钱，半路拦汽车，讲起回来途中的故事也不知道搞点新意。

父亲讲到从北京回来后的事，嗓音沉重起来了：他和同学在村口分手后，往村子另一头的山下走，那时候爷爷一家还都住在山脚下。

父亲一路上构想着夺权后怎么批斗他的数学老师张怀才：吊起来，用教学板尺拍他脸，用圆规戳他屁股，一边手舞足蹈，像是马上就当上大队长似的。走到山间的小路上，天已经黑了。山里有好多深水坑，是当时为了防止苏联侵犯挖的，预备储藏粮食，后来不用了，就积满了水。讲到这时父亲表情沮丧，他说他掉进水坑里了。那些水坑里的水冰凉刺骨，小时候我们经常往里面撒尿，当时我就忍不住笑了出来。

父亲瞪了我一眼，举手要打我，但还是放下了，我都快二十五岁了。于是我们对饮了一盅，父亲夹了两口菜，放下筷子，足足看了我十秒钟，说他有一个秘密藏了三十多年，今天趁我老娘不在，要讲给我听，以免他死后无人知晓，而且这确实是一个令他迷惑不解的事情。"今年2011年，我应该是60岁，花甲之年了，"父亲这时停顿了几秒，"可其实我只有50岁。"我心头一震，以为他喝糊涂了，信口开河。

我说："过年就是兔年，你本命年，你60岁了，三月初四，我和姐姐给你过生日。"父亲摆摆手，让我别插嘴，听他讲。

"当时我掉进水坑，鼻子里进了很多水，可是脑子却是清醒的，眼睛也能看见东西，像是在另外一个世界。"

这种体验我也有过，小时候一次老娘在井边洗衣服，我爬到她背上想骑着，一不小心翻到井里去了，那时的体验就和父亲讲的一样，好像水在身体内流通，却并不影响呼吸，老娘把我从水里拎起来，我还说没事，怪她不让我在水里多待一会儿。

"掉到坑里，沉到底，等我站稳，眼前却敞亮起来。只见远处，张怀才拿着板尺和圆规朝我走来，我一想，我还没有当上大队长，他肯定是因为我这两个月没上学劳动来抓我，正准备撒腿就跑。张怀才却喊道：'大队长！'我一紧张，以为队长也来了，要捆我游村示众，现在不跑更待何时，可没想到张怀才也跟着我跑，'大队长，大队长'地喊个不停，吓得我两腿直哆嗦，跑到村口大樟树下，绕圈转。"

那棵樟树有三百多年历史，几个人合抱粗，树枝上都能睡觉，是村子的一个标志，一些大字报就张贴在树干上，来来去去的人都能看到。

我问父亲是不是从山上摔下来，摔晕了，做的梦，或者是第二天醒来才发生的事。父亲说："这都不重要，我和张怀才在树下跑了几圈，并没有看到大队长，心里也减了几分担心，毕竟他也抓不到我，于是我喊停，问他瞎嚷嚷喊大队长干什么，他也站住，气喘吁吁说：'大队长，我喊你呀，你干吗跑啊？'我当时很奇怪，我怎么当上大队长了，看看袖子，发现红袖章还在，这时村里好多人都围过来了，也叫我大队长，心里似乎明白点什么，是不是我去北京闯大事，他们知道我要回来，就选我当大队长了。

这时张怀才又说：'大队长，我要向你作自我批评和接受批评，村民们也在边上喊道：'批斗张怀才！批斗张怀才！'于是我就理直气壮地把张怀才捆起来，吊在大樟树上，在众目睽睽之下用板尺拍他的脸，用圆规戳他的屁股，村民们兴奋得都疯狂了，他们把我抬起来，往天上抛。后来不晓得是哪个龟儿子，一把没接着，把我摔到地上，当时也太兴奋了，直接晕了过去。"

我开始半疑半信，问父亲："你真当过队长啊？"父亲抿了一口酒，说："我确实当过队长，不过是副的，但那也是 1976 年以后的事。"这我也听老娘说起过，那时外公是队长，本来想提拔父亲接班，可是父亲不争气，管不了生产，只好让他带后勤，其实也就是炒菜煮饭，所以父亲一直有这么个好手艺。

"后来我醒来，发现自己趴在水坑边上，半个身子还在水下，赶紧爬了起来，想到自己可能是在做梦，便忐忑不安地往家里走。"

"你爷爷见我一身湿漉漉地回来，给我换了件衣服，问我这些年都去哪儿了，干什么去了，我更迷惑不解了，我说我才出去两个月啊，你爷爷摸摸我的脑袋，也没发烧，对我说：'现在1976年了！'他似乎生气我这么多年没有回家，特别强调了'1976'，当时我惊恐不已，赶紧找了本黄历，上面分分明明写着1976年11月10日。"

我听得有点云里雾里了，张口结舌，这不就是烂柯的故事吗？

"后来我才知道毛主席已经逝世了，林彪也叛变出逃，坠机摔死在蒙古国了。那以后几个月，我一直待在家里闭门不出，细细了解世界发生的巨大变化，我不敢和你爷爷说我的遭遇，我发现他就这么老了十岁，头发也白了许多。"

其实，中年白发是我家父祖辈的传统，我父亲四十多岁头发也白了，如果真如他讲的那样，也就是三十多岁。

父亲因为在北京待过十年，回来后被提拔当了副队长，还和队长的女儿结婚了。我娘生于1952年，虽然比我父亲小一岁，事实上却要比他大九岁。我娘现在已是一个老妇人，可我父亲只是头发白了，身体面相却要精神得多。这一点，我一直觉得奇怪。

我们又碰了下杯子，父亲让我扶他上床睡觉，关灯后，他在黑暗里对我说："你要在我墓碑上刻下此事。"

我让他放心，随手关上门，一个人回到火锅旁，把剩下的酒喝完，我决定去爷爷那边看看，村子另一头的山脚下，沿着父亲四十五年前走过的路。

路过太爷爷和太奶奶的坟墓时，我特意看了下，两个坟墓中间确实没有落雪，于是我相信世间真的有奇异之事发生。快到爷爷的屋子时，我再次看到三三两两的水坑。

稀稀疏疏的雪沫在飘洒、融化，父亲难道真的从这里穿越过时空之门？

山中故事

我靠在床头墙上，看着惠特曼的《草叶集》，这是我最喜欢的一个诗人，一部诗集。一个诗人用他的一生写一部不断添加的诗集，我希望我也能做到。我开着门，把凉席铺在地上，风就能进来，然后从窗户出去。微风还穿过那棵枣树的枝叶，从我的窗户可以远远望见，有青涩的枣子挂在枝头，它们在暗中膨胀，慢慢成熟。

1

我租住的房子在山下一个小村落里，一个月只要 180 块钱。

屋内很简陋，只有一张床、一张桌子和一把靠背椅，床上只铺着一床竹席。晚上蚊子特别多，刚来我就去村子小卖部买了一包蚊香，质量很差，燃起来散发的气味很呛人。

早上一起来，满地都是虫子的尸体。

夜里我在看书，虫子围着我的台灯飞来飞去，一只又一只地落在桌面上，还曾有一只萤火虫飞进来。

深夜里，它们落在我的床上，落在我的身上，多少生命，在美梦中无力地凋落。有一天，早上我一睁开眼睛，发现屋顶墙角有一只蜘蛛，结了一张网，网上还有几只蚊虫。蜘蛛网下面正好是我的床头，我看着枕头上的斑斑污迹，那是蜘蛛拉下的屎。

我用棍子把它的网捣了，我希望它能在我推开的窗户上结一张网，这样晚上蚊子就飞不进来了。

有时晚上我会翻过山去附近的一所大学教室里看书，写文章，教室里总有一些单纯漂亮的女生，我写一会儿字就抬头看看她们，心里安静极了。

有一次我还在桌子抽屉里发现一个女生落下的记事本，里面写着学习计划，记着琐碎的事情，每日开销和减肥计划：早上喝一包牛奶，中午吃二两米饭，晚上吃一个苹果或者小面包……第一页留着她的姓名和电话号码，我照着电话号码给她发了一条短信，告诉她记事本落在哪个教室。她感谢了我，说一会儿就来取，但那时我已经离开了。

回去的一段山路黑漆漆，我跟着 MP3 里的音乐唱歌："从来就没有什么救世主，也不靠神仙皇帝！要创造人类的幸福，全靠我们自己！"山上有很多墓碑，有风吹过，树林里呜呜作响，仿佛是死去的人在黑暗中谈话。

有一处还有个山洞，我看到有个乞丐住在里面，白天他会在两棵树之间拉一张吊床，悠闲地睡着午觉，我宁愿相信他是一个流浪的人，一个梭罗式的隐居人物。快走到山下村子，通往我住的地方有一条岔路，路的左边是一棵芭蕉树，右边是一棵歪脖子枣树。

站在路中间，我听到草丛里的虫鸣，远处传来的蛙叫，月亮此时从南望山上升起来，我不知道该往哪边走，突然痛哭起来……

2

来到武汉，在南望山安定下来，我就去找海鹏。

海鹏在汉口推销白酒，我们约定在江滩公园见面。他领我在一个小饭馆吃饭，喝了几瓶啤酒，聊到了诗歌和生活。他这两年来写得少，但在看书，看《诗经》《论语》《楚辞》等等，基本上不读外国人的书。每天在外面跑业务，吹牛骗别人买他的假酒。可他自己酒量并不好，他准备回台州老家做生意。

吃得差不多了，我们就去江滩公园里闲逛，每个人还拎着一瓶酒。天色已经暗下来，有很多晚上出来散步的人，还有跳舞的中老年妇女。在一盏昏黄的灯光下，海鹏说，你给我读一首诗吧。我临时朗诵了几句我刚

城市里的流放者

构思好的诗：

住在东湖边

离长江也不远

你可以选择沉湖

也可以选择跳江

这真是一个葬身鱼腹的好地方

省去绳子、安眠药和菜刀

以及墓志铭和通行证

海鹏说："我们去江里洗个澡吧。"就脱了上衣，把啤酒瓶使劲扔到江里，然后自己走下去了。我怕他喝多了出事，也跟着下去。江水刚涨起来，我们游泳的地方平时是沙滩，还长了很多草木芦苇。向前了游了一段，脚底下就触不到沙面，能闻到江水中泥土的气息。对面武昌灯光霓虹倒映在江面，轮船、挖沙船从面前开过。"孔子说，'逝者如斯夫，不舍昼夜。'我们又何尝不是，身不由己地随波逐流。"

海鹏说很佩服我，希望什么时候自己也能抛下一切，不为生计发愁，去终南山待一段时间。

我欢迎他去我那儿看看，但我不想为我的行为辩解，我不是在逃避，只是想休息一阵而已，我也摆脱不了现实的种种，最终还是要回到喧嚣和浮华中去。

往回游，看到有更多的人在江边泡着，可能是看到我们没事也跟着下来的吧。我们在小树林里把内裤拧干，又去一个烧烤摊吃东西，喝扎啤。喝了两大杯，海鹏吐了，头脑也不清醒了，我只得扶着他回去。

出租车把我们带到东航小区，我扶着他下车，他一下车，两眼迷糊口齿不清地说他不是住在这里，硬要再搭另一辆出租车。我问出租车司机，东航小区怎么走。司机白了我一眼，说这里就是东航小区，便开车离开。我问海鹏他家在哪栋楼，海鹏一直嚷嚷着说他不住在这里，他家在台州玉环。后来他靠着一棵树睡着了，我在旁边静静地待着，直到他清醒过来，把他送上旁边的一栋楼里。

3

武汉的夏天非常难熬，可我住在山里，躺在凉席上，并没有觉得热。我在等待一场雨，我知道它会来，然后天气就会变凉快。

我靠在床头墙上，看着惠特曼的《草叶集》，这是我最喜欢的一个诗人，一部诗集。一个诗人用他的一生写一部不断添加的诗集，我希望我也能做到。

我开着门，把凉席铺在地上，风就能进来，然后从窗户出去。微风还穿过那棵枣树的枝叶，从我的窗户可以远远望见，有青涩的枣子挂在枝头，它们在暗中膨胀，慢慢成熟。我就像一个隐退的人，享受着自己能掌控的生活，一目了然的生活。

中午我喝了一瓶啤酒，然后睡午觉，当我醒来的时候，已经下午五点多了，外面果真下着雨，天气也变得很清新，用"空山新雨后"来形容是最恰当不过的了。

我决定去山里面走走。

南望山仿佛对我有强大的引力，越走进它，这种感觉愈加强烈。
暮色下，夕阳是金黄的，穿过树林照在散落林间的墓碑上。那些墓碑也像一个个慈祥的老人，看着无限美好的夕阳，墓碑下的亡灵在阴间是不是也感觉到了温暖？至少他们的墓碑是温热的。我甚至能闻见炊烟的味道，应该是山下村子里的人在做饭吧。

炊烟的味道让我想起小时候，小时候妈妈做饭，我们能闻到油烟或者肉的味道，辣椒会呛得我们流眼泪打喷嚏。可是在山里，你只能闻到炊烟的味道，你看不到它从哪里升起，也没有菜肴的味道刺激你去猜想。
在往山里走的过程，我觉得自己的灵魂和肉体是分离的，是我的灵魂在上山，它没有邀请我的肉体。

傍晚鸟儿都回巢了，头顶上它们叽叽喳喳地叫着，鸟粪不断地往下掉，一朵朵溅在地上，溅在落叶枯枝上。我仰头朝它们吹口哨，可是它们依然叽叽喳喳，根本没有当我存在。

我是渺小的，是卑微的，是不足以引起这些生灵——山间的精灵们另眼相看的。我就喜欢这样听着南望山由嘈杂慢慢归于平静、安详，进入一种混沌无为的状态。

慢慢地，一轮弯月升上来，两三颗星星，洒下清辉在山的背脊上。南望山匍匐在夜色里，像一只沉睡的老虎，我能感受到它的温暖，它的心跳，伴随着我安然入睡。

入睡前，我躺在床上默诵《心经》："观自在菩萨，行深般若波罗蜜多时。照见五蕴皆空，度一切苦厄……无挂碍故，无有恐怖，远离颠倒梦想，究竟涅槃……"

4

九月中旬的时候，表弟要来看我。

他在武汉大学念书，暑假完了回来上学，我知道肯定是我妈让他来看看我在山里过得怎么样。其实我还要感谢他们，对我辞职和闲居在山里的行为并没有表示反对和斥责，而是默许我休息一段时间。

我妈一直希望我回家工作，买房子，找个本地的姑娘结婚，生孩子让她带。我姐夫在外面晃荡了很多年，去年托我爸妈关系进了本地一家化工厂，虽然工资不高，但在小地方也算奔小康了。我妈在家就负责带我外甥女，我姐和姐夫在我家吃饭，每个月给我爸妈一千块钱。我有时想，这不正是我理想中的生活吗？

我不知道隐居能给我带来什么，但我需要安静下来，心无杂念地思考，想一想人生的意义，我不期望他们能理解。

表弟是下午过来的，还带了一个女孩，叫田静，说是他同学。明眼人都能看出来，表弟喜欢她，可是女孩表现得若即若离，这是她们惯用的手段，表弟希望我能帮他说说好话。田静看起来是一个安静的女孩子，但性格却活泼大方。

她看到我床头摆满了诗集，问我是不是诗人，那语气有点调侃的味道。她还拿起我打印的小说稿看，被我及时夺下，因为还没有修改好，她要我写完了给她看，我只有讪讪地笑。我们坐在铺着竹席的床上，玩斗地主，输了要说真心话。

田静问我交过几个女朋友，我说两个，她接着问我是不是处男，我说下一盘。而我知道了表弟还是处男，田静高中时有过一个男朋友。

后来我请他们去吃晚饭，喝了几瓶啤酒。表弟不胜酒力，田静的脸上也泛起了红晕，美好得让人心神荡漾。吃完饭，我送他们到东湖边，坐公交车可以到珞珈山，我自己去了靠近梅园的湖边，躺在草地上。看着山，看看湖，湖里有许多不知名的野鸟，据说是国家保护动物，来到这里繁殖后代。

湖边有人在钓鱼，草地上俊男美女的模特在拍婚纱照，摄影师指导他们摆着各种温馨有爱的姿势，白色的婚纱铺展在绿草地上……看着世间这些美好如画的事物，田静面带桃花的笑容又浮现在我眼前，让我想起曾经的爱情，内心突然忧伤起来。

此时，月亮在东边升起，太阳在西边落下，像我这样一个悲观主义者，一下子被瞬间的诗意击中，闭上眼睛，长长地吸了一口这山水间一尘不染的空气。

5

写作对我来说意味着了结。最早写诗，写的是情诗，是感情的宣泄。慢慢地走向歧途，为了满足个人的虚荣心，希望被更多的人看到，得到更多的赞誉。后来我只是为了表达我的想法，讲述我的故事，虽然也有情感的倾诉，但随着思想的成熟，我宣泄得越来越少，习惯隐藏情感于事物中。

我看到了山，看到了湖，看到了夕阳看到了月亮，我的情感就在其中。早上的山和午后的山，是不一样的，夜色下的南望山和黄昏的东湖也不一样。

我的情感支配着我的眼睛，或者说这些事物支配着我的情感。无论情景还是故事，我需要表达出来做一个了结，了结心头的淤积，然后使自己放松下来，心无挂碍，空空如也。

我经常带着刚写的诗走进山里，在一片树下朗诵，树木安静地听着，鸟儿调皮婉转地提问。有时我会对着一块石头讲述刚刚构思的故事，仿佛对面坐着下凡的仙人。我的朋友海鹏，他会在他住的地方对着窗外朗诵诗歌，他把房东写进小说，然后给她看，结果被骂成神经病。

大多数时候，我只是在山里瞎逛，偶尔也会碰到一两个像我一样闲晃的人。

山里有一个军事基站，被围墙围着，但在高处，我能看见里面有军人在站岗，他们自己开垦了一块菜地，种着各种蔬菜。菜地边上还有猪圈，肥胖的懒猪在阳光下睡觉。那里就像一个自给自足的小王国，像一个幽静的世外桃源，大门上写着：军事重地，严禁进入。很显然，它在地图上是找不到的。

夜里有月光进来的时候是最美的，我的陋室家徒四壁，只有一张凉席，清风也不用钱买，像情人的手轻抚过我的肌肤。月光如水般透过一角流进来，流在我的床头，我把枕头移过来，月光就在我的怀里。"一箪食，一瓢饮，在陋巷，人不堪其忧，回也不改其乐。"
也不过如此吧。

因为我的月光里有美人，而美人即在我的怀中。
今夜我要为她写一首诗，可这首诗一直写不好，这让我辗转反侧。这就像回到最初的写诗状态，我需要流畅地宣泄我的感情，可是经历了这些年，这些事，我还能成为一个恣意的抒情诗人，一个温暖柔软的情人吗？

6

九月底，一个周六的傍晚，我吃完饭准备去校园里随便找个教室看书，接到田静的电话，这让我有点意外。她说自己在山下小路口，让我去接她，对于这种不请自来，我还能怎么办？

当我走到路口处，看到她带来了一个大包裹。我问是什么，她说是羽绒被，给我的。

"天气变冷了，我看你还睡在竹席上，怕你着凉。"

田静轻松随意地说着，倒让我有点不好意思，不知该说什么。我埋怨她没有提前跟我说，问要多少钱，翻出钱包，发现只有两张十块的。我们尴尬地站了一会儿，田静问我，能不能去屋子坐会儿。

我们回到简陋的屋子，田静拿出羽绒被铺在床上，是一张超大的被子，对折起来刚好可以铺一半盖一半。她告诉我被子是从光谷大洋百货买的，299块钱。我是断然不会买这么贵的被子的，随便铺一层棉被就够了，而且四处漂泊根本不便于携带。

房里没有什么好招待的，只有给她倒一杯水，而且还是我的杯子。她看到我床边地上放了几瓶易拉罐啤酒，就自己拿起一瓶开了，我也拿了一瓶陪她喝。

她问我小说写完了没有，我说在修改。她要我给她讲讲，于是我简单地讲了故事的梗概：一个隐居在山里的年轻人，每天到一张石桌前读书、冥想。石桌上刻着一副围棋棋盘，棋盘上摆着一盘古代残局，一直没有人解开。后来有一天，年轻人趴在石桌上睡着了，做了一个梦，醒来把残局破了。可是他回到山下，人们再也看不见他。他发现自己成了透明的、隐形的，或者说成了一个孤魂野鬼。人们还去山里找过他，可是只在那张石桌下找到了他的一本书。

田静问我这是什么，鬼故事？玄幻？我说我也不知道，我只是想到这个故事，就把它写出来。不过田静又说，挺令人回味的，能看出我的思想。我问她我的思想是什么样的，她说好玩、有意思。天色渐暗，我要送她回去。

这时，田静有些扭捏地说不想回去，虽然我看出她对我的意思，但她分明是我表弟追求的姑娘，我怎么能……

她突然问我："你喜欢我吗？"没等我回答，她就说："我知道你喜欢我，上次你一直盯着我看。"我红着脸说："是有一点儿，但我表弟喜欢你。"田静有些不高兴了："我又不是他女朋友，他喜欢是他的事，我只喜欢你。"

现在该怎么办？

我们沉默了好长时间，外面已经能听见虫鸣蛙叫了，月光也照在了新被子上。我让田静睡在床上，我把竹席铺在地上，黑暗中我们能听到彼此沉重的呼吸，就这样，整整一夜，谁都无法入睡。

7

我喜欢骑着自行车，沿着东湖东路或者东湖南路散心，甚至可以骑到珞珈山，从凌波门进入武汉大学。那里的景色可真美，正对东湖，伸入湖中的石桥在湖水上涨时就被浸没，但是你依然可以在水中行走，仿佛凌波微步。背后是珞珈山，当年武汉大学是日军的疗养所，校园内种了很多樱花，春天会有很多游人来观赏。

当然，现在是秋天，有一次出门，外面一直在刮风，我骑着自行车经过山下湖边的小路，树林里落木萧萧下，风过处，树枝呜呜作响。我穿着一件单薄的长袖 T 恤，感觉到天气真的变凉了。

当我经过湖中那段小路时，大风差点要把我刮到湖里去，湖水被秋风吹起层层波浪，击打着路岸。我一下子感到那种"风萧萧兮易水寒，壮士一去兮不复返"的悲壮感，为这逃避俗世的生活平添几分凄凉。

还有一次我和田静骑车去马鞍山森林公园郊游，山里真是安静极了，十月的中午，阳光正好，透过树叶洒在林间。我们在一个亭子里吃东西，喝红酒，看湖边的芦苇，湖中微波荡漾。

我们骑到山里深处，连路都分不清，但一点儿也不担心。山里面居然零零散散地住了一些村民，小屋子静静地分布在小路两边，被树木掩映着。每家每户都贴着对联，风吹雨打红褪墨残，有的破了一截，但从笔迹能看出均是一个人所书写。有写着"梅兰竹菊君子意，诗书礼乐布衣家"，也有是"自去自来梁上燕，相亲相近水中鸥"，让人穿越时空回到古代。比之那块独立的军事重地，这里更加有人间烟火味。

那段时间我姐夫也来过一次，他要去东莞打工。

我很奇怪他放弃了安逸的生活，远离妻子和女儿，他只说家家有本难念的经，不要去羡慕别人，也不要去比较。别人的生活你永远只能看到表象，幸福无法从模仿得来，也不要去过他人为你设计的生活，那都是违背自己的内心的，只会让你痛苦不堪。

姐夫说理解我为什么要住在山里，他也在外面漂泊了好几年，虽然回来了，结婚生子，但还是找不到方向。《传道书》里讲，凡事都是虚空，人一切的劳碌，就是他在日光之下的劳碌。

有什么益处呢？万事令人厌烦，人不能说尽。

8

今年冬天似乎比往年要来得早，刚入十二月份，天气预报就说要下雪，但天空阴郁了好些天也没有下。我基本上窝在屋里不出门，武汉的冬天比夏天还要难熬，况且我的房间里什么取暖设备也没有，窗户缝隙都被我贴上了透明胶带。床上除了添加一张褥子，就是田静给我买的羽绒被，晚上我还要把棉袄盖在脚上。白天待在房间里冷得不行，我就往桶里倒点热水，泡脚、看书、写小说。

一天，我午睡快到四点，收到海鹏的短信，他劈头就来一句：活着真没意思。我把电话拨过去，他却不接，打了三次都被按了。我隐隐有些担心，发短信问他怎么了。他回过来，说："我想死，我想跳江。"

我被吓了一大跳。

我问他在哪儿，他说在汉江边上，古琴台下。我怕他出事，就喊来表弟跟我一起过去，像海鹏那样的个子身板，真要跳江我一个人肯定是拉不住的。

我们到达江汉桥下，天都快黑了。找到海鹏，他一个人正在抽烟，我和表弟坐在他两边，陪他抽着。海鹏说他承受不了现在的生活，前几天他卖了几箱白酒，提成有三千多，老板就是不给。又说一个人在武汉，没有人能理解他，那些写诗的都在混圈子，相互吹捧，让人恶心。

他还说我，住在山里，是不是想修炼成仙。我静静地听他絮絮叨叨，后来也有点不高兴，站起来，踢了他一脚。

"你他妈不要像个女人似的，跳江，你他妈会游泳还跳江？"

"我不会绑一块石头吗？"

"你以为你是屈原啊！"我推了他一下，他跟我扭在一起，在沙滩上打了起来，表弟好不容易才将我们拉开。

表弟建议去歌厅唱歌，喝点酒暖暖身子。于是海鹏带我们在江边找了一个小歌厅，看来他对这里很熟悉，不过依他的职业也属正常。

一直疯玩到凌晨五点，我们从歌厅出来，突然看到雪花飘舞，从歌厅下班的姑娘在雪中仰着头，张开双臂，飞扬起来……

9

十天之内，连下了两场雪。

下第二场雪的头一天晚上，我坐在床上看书，就是那本绿封皮的诗集《草叶集选》，后来我就枕着它睡着了。我梦见自己赤身裸体走在雪地里，一个女人也什么都没穿向我走来，长着翅膀的天使在头顶盘旋，我们就在雪地上打滚儿、做爱……早上起来，我拉开窗帘，白茫茫的一片，随夜潜入的雪已经爬上了我的窗台，那棵芭蕉树也被积雪压弯了枝干。

从夏至冬，绿叶葱葱，白雪皑皑，多少云朵流逝，多少鸟儿飞走。只有那些叽叽喳喳的麻雀知道我的藏身之地，有一只甚至跳上我的窗台，在雪泥上留下爪印。

我煮好粥，吃了一个鸡蛋，迫不及待地往山里去。

我沿着山间小路上山，林间不时簌簌落下积雪，那些墓碑也立在雪地里，宁静肃穆安详。有诗写道：千山鸟飞绝。那么，鸟儿都去了哪里？南望山的鸟儿不可能都飞去了不下雪的南方，大雪之前，麻雀和喜鹊还在我的窗前练习滑翔。

冬天来了，它们都保持缄默，飞行术日臻成熟，生怕惊落枝上的积雪，惊醒长眠或者隐逸的诗人。我再深入往山里走，踩在积雪下的枝叶上，吱吱作响，接着，我听到鸟儿一只接着一只喳喳地叫了起来，如同合唱一般，原来它们就在雪中南望山的寂静里，等待着我的出现。

柳宗元是在远处江面观望，所以他说，万径人踪灭。他根本没有走进山里看看，当然以为鸟飞绝了。

我静静地听着这天籁之音，直到它们慢慢恢复寂静。我把杯中的热水倒了，捧了一把积雪装在里面，看着它慢慢地融化掉。

下午田静过来了，她在路边摘了一枝蜡梅，插在我喝水的杯子里，放在床头。杯子里是雪融化的水，梅花清郁的香气顿时弥漫在我的房间，她的身上被蜡梅的香气沾染，也散放出似有若无的清香。斯是陋室，爱情足以使它芬芳。

她还带过来一个水果，精美地包装着，我才意识到原来今晚是平安夜。我出门买一斤饺子，煮好后盛在碗里，热气腾腾，我们蘸着醋吃起来，抿着小酒，不亦乐乎。田静又像我第一次见她时那样，脸上泛起桃花，让人心神荡漾。

第二天起来，我发现田静已经离开了。她留给我一张纸条，里面说，她明年要去美国念书，元旦过后就走。

新的一年，希望我们都有美好的前程。我拆开她带给我的平安果，里面是个梨子。

10

冬天越来越冷，我决定回家过年。刚毕业那年年底，我从深圳跑到廊坊，过年是在天津农村。穿着从南方带来仅有的单薄的外套，差点冻死。

在清冷的南望山，我连一个炉子都没有，很难想象如何度过这难熬的冬天。表弟放寒假，我和他一块回去。我假装问田静的事，表弟早就知道她要出国了，去读一所基督教大学。田静是一个基督徒，这确实让我感到惊讶，她在我面前一点儿都没有表现出来。表弟告诉我他又找了一个女朋友，从钱包里翻出相片，我看着眼熟，有点像那天晚上我们在歌厅见到的女孩。我点着头，把相片还给表弟。

"看起来不错。"我说。

春节平淡无奇地过了，对我来说，过年再也不像童年那样充满热闹欢乐。父母问我有何打算，我说年后回武汉找个工作，他们没说什么。那时我姐姐和姐夫在闹离婚，父母也劝姐夫不要出去打工，要为孩子和家庭着想。

结果我姐夫又回到他原来的工厂，一切回到从前，生活还在继续。

我给海鹏发了短信，他新年不回武汉了，彻底放弃了这边的工作，决定回老家台州干他的事业，做服装批发生意。我祝福他，希望他能成功，希望他"苟富贵，勿相忘"。

过了二月我就回到南望山，冷清的房间因为我的到来而苏醒。那棵枣树上，有一只鸟儿停立在枝头，静静不语，但我和它心有灵犀，它欢迎我回来。烟雨中，我点上一支"中南海"，对着青山，像是看着我的爱人。

我熟知它内部的构造，草木和小路的分布，它的纹路和肌肤我都曾轻抚过，山间的精灵也和我一起呼吸它的气息。

我最后一次走在山里，看到山路边的一棵桃树开花了，朵朵粉红簇拥灿烂着，地上点缀着落红。天气开始转暖了，温柔的阳光掩映在林间，树木发芽，草丛青绿。一个破旧的陶罐掩藏在树下，里面盛满了清水。

山洞里的乞丐，把他的吊床系在两棵树上，悠闲地睡着午觉。

林中小鹿

我沿着小路往山里走，轻风吹过，树枝上的积雪疏疏而下，落在我的头上、衣服上。我那时候留着长发，轻柔飘逸，就像情人的唇贴在我的颈脖上、脸颊上，摇摇头，就像情人张开怀拥抱我。路过一排排雪中伫立的墓碑，我来到凉亭下，坐在石凳上，小口抿酒。身体渐渐暖和起来，甚至感觉要冒热汗，飘飘欲仙。彼时，世间仿佛陷入了六道轮回，万古长空，都在我手中的一壶酒里。

几年前，我和当时的女朋友分手，离开北京回到武汉，住在南望山脚下的一个村子里。每天除了看书和写没人看的小说（那里连网络都没有），就是爬过一个山坡，穿过一片树林，去附近的一条街上吃饭。

有时候，我会往山上走，山里很少有人，但有一大片墓地，立了许多墓碑，掩映在浓郁的树荫下。

墓地边上有个凉亭，我会在石凳上坐会儿，听听风声鸟声，然后回家。

冬天，我就不再去山上了。成天缩在屋子里，没有空调，没有任何取暖设备，我就在桶里加热水，泡脚。一天早上，我起床拉开窗帘，发现外面白雪皑皑，积雪不知几时落满了窗台。我顿时起了访戴之心，决定去山上走走，带着夜里取暖的白酒，去亭子里坐坐。

我沿着小路往山里走，轻风吹过，树枝上的积雪疏疏而下，落在我的头上、衣服上。我那时候留着长发，轻柔飘逸，就像情人的唇贴在我的颈脖上、脸颊上，摇摇头，就像情人张开怀拥抱我。路过一排排雪中伫立的墓碑，我来到凉亭下，坐在石凳上，小口抿酒。身体渐渐暖和起来，甚至感觉要冒热汗，飘飘欲仙。

彼时，世间仿佛陷入了六道轮回，万古长空，都在我手中的一壶酒里。

突然，我听到灌木丛中传来一阵窸窸窣窣的声响，扭头一看，从墓地后面钻出一头小鹿，棕黄色的毛皮，竖起两只耳朵，一双大眼睛瞪着我，毫无恐惧，倒把我吓一跳。

那一瞬间的对视，至今我仍难以忘怀。

我似乎看见了一片清澈深沉的湖泊，在我心中无限漫延，直到将全世界包围。我忘却了时间，忘却了自身所在，忘却了我身为何物。当我慢慢走向它，伸手快要触碰到它时，它却一转身，闪进了灌木丛，一蹦一跳，轻盈敏捷，就消失不见了。

草地和树枝上依然积着雪，我渐渐酒醒，心里很难确定那是一头小鹿，或是一只什么种类的羊，但这不是梦，不是酒后意识模糊的产物，我看到过它，它在我的生命中真真切切地出现过，它也会一直留在我的内心深处。

我有时想起它，在我面前轻盈跳跃，一转身弃我于虚无之境。

上班记

还没有等我弄清事情的真相，公司又发生了一件令我恐惧的事：周工不见了，而所有的人对此视若无睹，好像公司根本没有这个人。我不知道该去找谁解答我的疑惑，公司的每个人都像幽灵，武汉的酷热也不能打消我的阵阵寒战。

在南望山住了一年，身上的钱也花得差不多了，所以我决定下山找个工作。因为以前做过结构设计，一个电气公司让我过去面试，应聘职位是电气结构工程师。虽然我对电气知识一窍不通，但扯上结构，应该算对口的工作。

面试很顺利，因为之前的工程师辞职了，急需招一个人替补上去。

第二天就去上班了，研发部经理把以前的一些图纸交给我，让我熟悉一下电柜的结构和内部电气元件布置。所谓电气结构就是设计一个电柜，标准高宽深为2200毫米×800毫米×800毫米，大致能放进去一个人。当然我说的不是放人，里面是放变压器、刀闸、传感器、加热器（或者散热器）、风扇、照明灯等各种电气元件，而我的工作就是把这些元器件布置好、定位、接线，组成一个完整的系统，使其通电后能正常运转，产生高压电流，然后给发电站供电。

经理安排我坐在一个男同事对面，姓周，我喊他周工，问他在这边是做什么的，他笑着说打杂。后来部门正式介绍时，我才知道他是清华大学毕业的，做灭磁系统研发。

周工天天一副睡不醒的样子，从周一来就一直在打盹儿，让人怀疑他晚上都干吗去了。

在这个公司待了一个星期，我才发现，原来那些同事每天晚上都在加班，不知道工作到几点，公司还特意安排了一个休息的房间，有床铺，有空调，晚上能住人。本来每天五点半就下班了，后来我也象征性地多待半个钟头才回去。不过随着工作量的增加，也只能七八点下班，有时候就睡在休息间不回去。

当然我还发现更多的秘密，那些同事看人的眼神都不对，神神秘秘的，嘴角有一种不易被人发现的怪笑，搞得我都怀疑这是不是在精神病院，抑或是工作重压下的集体性神经衰弱。不过这样你就理解我之前辞职住在南望山的原因了，工作就是这样，不使人麻木也会使人厌倦。

因为电气领域我是首次涉足，需要加倍地学习以便真正掌握，所以我经常去生产车间研究各种电柜的结构设计和电路走线。
一天晚上我和一个留守的师傅交流系统原理时，他向我展示了一个神奇的功能，他自己走进电柜，让我把门关上，十秒钟后再打开。

当我再次打开电柜，这位师傅不见了，这让我既兴奋又恐惧，因为整个晚上就再也没有出现，我找遍了公司的每个角落。

第二天早上我才看到他，可是他对着我面无表情，像完全不认识似的。我试探性地提起昨晚的事，他也当作不知道。这让我更加迷惑了，我甚至自己也走进电柜，关上门，可是那晚神奇的事情再也没有发生，因为我不是电气工程师，我不知道灭磁是干什么用的。

我仔细研究电柜的结构和布置，发现里面确实有一些蹊跷，比如它留下了一个人体的空间，而一些线圈活像电影里的时空机。

我甚至怀疑电柜里的风扇、加热器、散热器的功能，疑问一个接着一个，我都感觉自己有点神经衰弱了，难道这真是在研究一种传说中的机器？

还没有等我弄清事情的真相，公司又发生了一件令我恐惧的事：周工不见了，而所有的人对此视若无睹，好像公司根本没有这个人。
我不知道该去找谁解答我的疑惑，公司的每个人都像幽灵，武汉的酷热也不能打消我的阵阵寒战。
我觉得应该从我来之前辞职的结构工程师出发，寻找蛛丝马迹，我怀疑他不是辞职了，也是"消失"了。我仔细研究了他留给我的图纸，终于有了重大发现，很显然他在一个隐藏的模块里给我留下了暗示。
这是一个神秘的公司，或许将成为一个伟大的公司，但我还是决定明天辞职。

第二天，当我进入华工科技园，向汤逊湖旁边的公司楼走去，突然发现，眼前视野开阔，根本没有所谓的电气公司。

只有一片宁静的湖面，几只野鸭子在安详地游弋。

失踪的三个月

混迹在青涩的大学生当中，又让我回到了学生时代，心态也马上年轻活跃起来。他们中间还有很多外面的旁听生，过着艰辛的游学生活，不断更换住所，为经济发愁，让人心酸。因为我大学学的是工科，所以很多理论课程对我来说很生涩，我最感兴趣的是文学创作课，它激发了我写小说的欲望，我觉得自己可以成为一个小说家。

2008 年，大学毕业还不到半年，就碰到了金融危机，公司开始裁员。

我清楚地记得"十一"假期结束，我回到工厂后，很多部门停工了，机器都闲置在那里，偌大的厂房突然显得异常冷清甚至阴森，以往嘈杂一片的忙碌景象不复存在。

开始是裁减普通作业员，每天都有几个员工被组长喊去谈话，然后去人事领取补偿金，当天就走人。这种情形持续了一个多月，终于轮到了我们技术人员。

那天经理把我和另外一个员工叫到会议室，告诉我们被裁员了。
他说了一大堆全球形势、公司状况和部门难处，我沉默着，呼吸沉重，既没有恐慌也不知道难过，因为脑子已经一片空白了。

助理带我们去人事部门，那里挤满了人，吵吵嚷嚷，一个个等待和 HR 谈话。我前面进去的一个员工，在里面砸凳子，大吼大叫，被两个保安架出来时还手挥脚踢，喊着要告到法院去。

终于轮到我了，等了半天，心情早就恢复平静，因为我知道这是个人无法改变的事情，而且我在心里酝酿了一个绝妙的计划。

我坦然地走进去，坐下来，倒是 HR 有些正襟危坐，看得出来他忐忑不安，很显然，他被刚才的"骚乱"吓着了。

他依然给我讲着那些大道理，我一句都懒得听，有条不紊地翻看着裁员协议书，最主要的是里面的违约赔偿金。当时我的工资是三千多，本月工资加上两个月的安抚费，甚至保险都退给我了，总共是一万多点。

HR 给我笔，想让我签名，我合上协议书，说赔得太少，不签。他问我想要多少，我说至少两万，他不同意。僵持了一阵，两个保安进来站在我身后，HR 依然"动情"地让我将心比心……
我可笑地看着他，趁他口干舌燥喝水的时候，掏出手机，按下"110"："喂，我要报警，H 公司里有人聚众闹事。"
HR 这时终于傻眼了，慌张不已，赶紧求我："有话好说嘛，我们可以商量。"

我不理他，只等警察来。HR也没办法，只得去找他的顶头上司——人资经理。不一会儿，他和经理一起过来，答应了我的要求，赔偿改为两万，但要我把警察支走。

十多分钟过去，我告诉警察，事情已经私了了，没有问题。

当天我就离开了廊坊，坐火车一个小时就到了北京。我的朋友杜华住在六郎庄，他让我先住他那儿。

我在北大西门一个小面馆吃了一碗拉面，想去圆明园看看。本想趁着夜色翻进去，可是绕围墙走了半天也无从下手，只好作罢。

晚上北大也看不到风景，倒是有一些走动的女生，后来我就跟着一个女孩子出了校门，跟着她上了公交，坐在她对面。

我斜着眼瞄她，她穿着浅绿色的羽绒服，短发，白皙，戴着黑框眼镜，当时我心想，北大的女孩子真好看啊。

没想到她也在中关村下了，我真的不是跟踪她。杜华在中关村上班，他让我在鼎好电子大厦下面等他。看着她走进辉煌的灯火里，消失在来来往往的人群中，不觉有点儿落寞。

坐在大厦下面的台阶上，正好有一个年轻的卖唱歌手在唱歌，路过的人停下来听，有人扔下硬币，歌手也不言谢。还有几个像我一样无事的人坐在地上，静静地听他唱许巍的歌，像是一个小型演唱会。想起 2005 年我和朋友去海淀公园看迷笛音乐节，狂热的歌迷，扭动的身体，甜蜜的爱情……

那时我们谈文学、谈音乐，充满理想，而现在，现实将我们磨砺得一点儿戾气和棱角都没有了。当歌手唱起"青春的岁月，我们身不由己"时，我差点泪流满面。

我们坐车回到六郎庄，这个繁华地段的城中村，倒像是一个贫民窟、棚户区，昏暗的路灯下看起来更加破旧。

杜华的房间里，阴暗潮湿，只有一张大床、一张破桌子，上面凌乱地都堆满了物件。墙上的钢丝晾着毛巾和衣服，墙角还有一个池子，水龙头滴着水，没有暖气。晚上我们就挤在一起，尽量把衣服盖在棉被上，不让暖气散去。大小便要去外面的公共厕所，里面的恶臭让人眩晕。

白天杜华不在，我就往池子里撒尿，然后开水龙头冲去。

我在网上海投自己的简历，可是很多公司在年底都不招人，而且我才工作四个月，根本没有过硬的技能，只能做一些简单的质检工作。好不容易有个销售职位让我过去面试，人家却说我看起来文文弱弱，语言表达能力又不强。

更可气的是，那个操一口北京腔的老太婆居然说我的普通话不标准，好歹我也在天津待了四年。

还有一个韩国汽车配件公司，面试的时候让我用英语自我介绍，之前以为是韩国公司，就没有准备英语简介，结果，结结巴巴的口语表达让面试官频频皱眉。

那个韩国公司在五环望京，我有一个舅舅住在附近，他以前是国防部的高级工程师，退休后开了一家公司，做激光镜片，据说2003年"非典"时北京的探测镜片都是他们生产的。或许我可以去找找关系，干脆去他那儿打工。

这念头终于还是一闪而过，我决定不去打扰亲戚，被公司裁掉后，我一直都没有跟家里人说，还骗他们我仍在上班，至少我的工资是拿了，还能维持半年的生活。

从那里出来，我去了趟798艺术展演中心。里面都是一些画廊美术馆，很安静，我就随意地逛着，看路边画画的人给游客画肖像，进入一个个艺术中心走马观花，最后我发现了旁观书社。

美丽的女主人安静地坐在一角，在冬日的阳光下看书，喝着咖啡，像是画中的人，优雅内敛，一下子让我的心温暖起来。三三两两的读书人在轻柔的音乐中沉迷书海，书籍摆在书架上，似乎有了生命，轻柔地呼吸着。书店的英文名是"insight"，我宁愿理解为"洞察""领悟""反观内心"。

我不得不承认，就是这一个词，它击中了我，为我指明了方向，工作使我疲惫、颓废，我应当放下忙碌，去追求心灵自由的生活方式，这才是我想要的状态。

我决定暂时不找工作，去北大听课，听我喜欢的文化课。

冬天的六郎庄，北风呼呼地刮着，小屋子里更加阴冷。而教室里都有暖气，有时我还去地铁里看书。我在网上查了中文系、哲学系以及心理学系的课程和教室安排，每天吃了早饭就去北大蹭课。某些老师和作家虽然我不喜欢，但他们的课讲得还是不错的。

混迹在青涩的大学生当中，又让我回到了学生时代，心态也马上年轻活跃起来。他们中间还有很多外面的旁听生，过着艰辛的游学生活，不断更换住所，为经济发愁，让人心酸。

因为我大学学的是工科，所以很多理论课程对我来说很生涩，我最感兴趣的是文学创作课，它激发了我写小说的欲望，我觉得自己可以成为一个小说家。

我还去北京电影制片厂当过群众演员，我甚至以为以后可以靠这个吃饭，但每次说好的群演 100 元，总会降到 50 元，最后拿到手的只有 20 元，这就是一天的收入，想要靠这个生存是根本不可能的，最后我只能放弃。

我不知道这两个经历能给我带来什么，但当时确实让我欢欣鼓舞了一番。我跑到传媒大学去找我的前女友，想向她描绘我幻想中的美好未来，结果她根本不想见我。我看到校门口进进出出的宝马奥迪，接走一个个如花似玉的姑娘，心中无比沮丧。

快过年了，杜华让我和他一起去他老家天津武清过年，一个叫牛镇的农村。春运根本买不上票，我给家里打了电话，说公司只放一个星期假，让他们不要担心。给爸妈寄回了三千块钱，给家里老人和小孩做压岁钱。

三十的上午，我和杜华一起去超市买韭菜，准备晚上包饺子。在超市的门口，一个小伙找不到自己的自行车，我问他怎么不上锁。他说，都是一个村子的，上什么锁，低头不见抬头见的。不一会儿，一个女人把他的车子骑了回来。女人道歉说，刚才把东西落在理发店，借他的车子取一下。小伙子连说："没事没事。"多么淳朴的乡邻关系！

我们拿着两响的"二踢脚"到处放，震得鸡鸣狗叫。池塘全部被冰冻了，小孩子拿着铁锹在冰面上凿洞。

鲫鱼探出头来呼吸新鲜的空气，却不知道命不久矣，马上就要被人捞起来做成年夜饭的下酒菜。从池塘爬上来，我抬头看见一户人家门口的对联，横批是"书香门第"。我猜想，这该是一位老书生的住宅，他有一个大家闺秀的女儿，他家里有很多书，飘着书香。

回去的路上还看见好几头奶牛，杜华给我讲了一个笑话：读小学的时候，他们班主任在课堂上问一个家里养了奶牛的同学，怎么不给老师送点牛奶。此同学说，挤出来的牛奶过一段时间就不好喝了，老师要是想喝，直接去我家奶牛底下嘬，新鲜热乎的……

路过一家，奶牛下了两头小崽，躺在院墙下的干草上，晒着太阳。有意思的是，一只哈巴狗也挤在两头小奶牛中间，挨着它们的头，一脸安详，晒着太阳。

几个老人，在无风的院墙下，晒着太阳。这宁静的生活真让人羡慕，唯有家乡才能使我们感到温暖。

年后，杜华又回北京上班了，我去他那里收拾东西，决定回家。当时我排长队等着买票，接到一个廊坊的电话，是原公司的。原来高层形势估计错误，金融危机只不过是纸老虎，年后公司又接到了欧洲大批订单，而之前的大量裁员已经致使生产人员明显不足，公司只得把辞退了的老员工再一个个地请回去。

当我回到廊坊，再次坐到我的办工桌前，进入生产线，和一起回来的员工相互祝贺，那些留下的员工调侃我们道："公司真是给你们放了一个长假啊，拿的钱比我们还多。"

谁还在乎呢，生活总要继续，一天又一天，有时我甚至怀疑这三个月是否发生过。

这奇特的经历，仿佛是陷入了宇宙的黑洞中，和本应该走过的生命道路格格不入，如同蚌贝里的珍珠。

24 岁辞职去写作

本命年到来，离 24 岁生日越来越近，我终于下定决心离开工厂，离开北方，逃离这无意义的生活。虽然人为了活着，可以放弃爱好，放弃理想，去过庸常的幸福。很难说庸常的幸福值不值得守护，但它有时确实扼杀了我们追求更多幸福的可能。在另一条路上，我相信，坚持爱好坚持理想，人可以走得更远、更惬意、更无愧于心。

高一，我接触到韩寒，看到他的《三重门》，觉得自己也可以写小说。于是挥斥方遒，开始着手自己的第一部长篇小说。写了一万字，但由于各种困难，我终于坚持不下去，放弃了。

这就是我的第一次创作经历，用"三分钟热度"来形容再恰当不过。

我们县隶属于黄冈，重视教育，也重理轻文。高二文理分科我选择理科，为了大学能考个热门的专业，以后好找工作。但我一直没有放弃阅读和写作的兴趣爱好。

塞万提斯说，爱上写作是一个不治之症，而且还会传染呢。可是在一群理科生中，当他们发现我在看王小波的《黄金时代》、村上春树《挪威的森林》时，总会投来异样的眼光——分明把我当作一个异类。

黑塞在《荒原狼》里写道，一个孤独、冷酷、爱思考的人如何在社会中寻找存在感，就是去融进这个世俗的大环境。就像我当初选择读理科，并不是因为真正热爱，而是大部分学生都去读（当时整个年级十六个班，只有两个文科班），我也就随大流了。

可是，在这样的环境下，我真的能找到存在感吗？
没有。

我连一个真正的朋友都找不到。

可以说，高中阶段是我人生中最苦闷的一个时期。当然，有正值青春期的缘故，但我清楚，我需要一个倾诉的对象和聆听者。我阅读了大量书籍，余华、莫言、马尔克斯、毛姆等等，却并不与人交流；我还听了许多摇滚和民谣歌曲，张楚、许巍、Guns N' Roses、Metallica，同学们也不喜欢。于是，我也只有去做一匹孤独的荒原狼了。

同样，在大学前两年，我将大部分精力都投入到图书馆里，全心全意地阅读各类诗歌和小说。我也有了充裕的时间来练习写作，慢慢开始在报纸书刊上发表文章了。那时，最尴尬的事情就是收到各种刊物杂志，室友和同学们总会问起，但我从来不告诉他们。

有一次，一个同学发现我在写诗，语调夸张地喊道："诗人啊！"好像看到一个外星生物似的。

我读的大学是一所理工科学校，学的专业是枯燥无聊的机械专业。我不知道同学中有几个是热爱这个专业的，他们更热衷于 Dota 魔兽争霸、抄作业、谈恋爱、夜不归宿。我尽量远离他们，我再也做不到要在这个环境中寻找存在感了。

我喜欢在安静的自习室里写诗，偷看女生的背影和秀发，听音乐，看书。它们都能给我带来心动和愉悦，这才是我在这里的意义吧。

所幸的是我交到一个中文系的女朋友，她喜欢我的诗和小说，鼓励我坚持写下去，并真诚独到地提供批评和建议。诗人保罗·瓦雷曾说："我的诗，甘愿让一个读者读一千遍，而不愿让一千个读者只读一遍。"这时我才明白，所谓人的存在感并不在人群中，而在一两个知己身上。"灵魂伴侣"说起来虽然矫情，可是谁不希望得到一个呢？

大学最后两年，是我最幸福的时光。可是好景不长，好物不牢，我们走到了毕业找工作的人生关口。她去北京做编辑，而我只能留在天津一个无缝钢管厂上班。

我再次陷入了无法适应的环境中，整整两年，我放弃了写作，被社会磨去棱角，被工作折磨，被奔波两地的爱情和争吵弄得筋疲力尽。我觉得自己就像陷入了一个无底洞，而且不知道这样的日子何时是个尽头。

在工厂里，我感觉自己如行尸走肉般，被庞大的机器支使着，被旋转的齿轮一遍又一遍地碾压。如此浑浑噩噩，做一天和尚撞一天钟，这不是我想要的生活。虽然是国有大型企业，父母劝我好好干，同学们羡慕，但他们哪里真正明白我内心的痛楚。

本命年到来，离 24 岁生日越来越近，我终于下定决心离开工厂，离开北方，逃离这无意义的生活。虽然人为了活着，可以放弃爱好，放弃理想，去追逐庸常的幸福。

很难说庸常的幸福值不值得守护，但它有时确实扼杀了我们追求更多幸福的可能。在另一条路上，我相信，坚持爱好坚持理想，人可以走得更远、更惬意、更无愧于心。

领导问我为什么要辞职，我说："我要去写一部长篇小说，那是我高中时的梦想。"

诗意地栖居

此时，月亮爬上了山头，是一轮圆月。月光倾洒在山林间，也洒在流浪汉的身上，狗的身上，和我的身上。穿过地大隧道，进入灯火通明的城市，我把那段荒唐的岁月埋在了南望山。

三年后，再次回到南望山。

在东湖边，我下了出租车，决定从山间小道走过去，看看曾经住过的地方。2010年8月，我辞职离开北京，回到南方，在山里住过一年。在一首诗中，我写道：

二十四岁的我像二十二岁一样

清瘦、多愁善感、喜欢美女和美景

从南走到北，身上的灰厚了

眼神或许浑浊了

长江和东湖里的水也洗不干净

我将如何"和其光、同其尘"

二十四岁，我就在南望山无所事事地

晒了一年的月亮

汪曾祺说："二十五岁，一种荒唐继荒唐的年龄。"

对我来说，也是如此。

沿着荫翳的小道往深处走，就是我曾住过的沙湾村。小路右边是一个军事基地，围墙上架着铁丝网。左边是猴山，猴山上当然没有猴子了，只有三三两两的墓碑散落在林间。

此时正是黄昏，太阳慢慢落下去，月亮慢慢升上来，夕阳照在墓碑上，温暖上面的名字和死去的主人。其中的一个曾在夜里进入我的房间，和我交谈许久，讲了许多奇异故事和人生道理。

沙湾村坐落在猴山和南望山之间，然而现在宽阔的八一路横穿而过，带来了汽车的呼啸声。当年我离开，公路还没有修起来，但朴素的村民已经知道政策计划了。他们疯狂地加盖扩建自己的楼房，只为将来多分一些钱，取得更多的利益。

我看到房东的房子盖到四层了，以前只有三层，我住过的二层窗户关着，窗帘半掩着，里面堆了许多杂物，应该没有人住。或许从我搬走后，就没有人再搬进来。

我站在村子的路口张望，芭蕉树和枣树在黄昏的微风中静默。突然有人在背后叫我："破罐。"回头一看，是房东，推着自行车，接他儿子放学回来。我早有预感要碰到他，还真让我遇到，这是偶然吗？

房东是一个出租车司机，可他并不经常开车出去，车子就放在院子里，自己则在房间里打游戏。每天下午，他都要去接孩子，夏天的时候，会经常带孩子去东湖游泳场洗澡。四年前，他的儿子才上二年级，现在马上就要小学毕业了，我都快认不出来了。房东的相貌并没有大的变化，我也是，时间在上了一定岁数的人身上，并无明显作用。

房东问我是不是还要租房子，老客户老价钱，一个月一百八。

我告诉他，只是路过，来看看。他笑着说，你还挺怀旧的。他请我随便进去看，顺便给了我一支"红塔山"。

"你还抽'中南海'吗？"他问我。
我说："是的，只抽'中南海'。我是一个专一的人。"
房东笑了笑："现在在哪里高就？"
"就要去北京了。"
"我记得你是从北京回来的，"房东说，"依然写诗？"
我说："不写了，现在专门写小说。"

这里的人并不嘲笑诗人和专职写作的人，这是我喜欢这里的一个重要原因。那时我经常坐在二楼的窗前写诗、读书，对面的房子外经常坐着两个女人（有一个怀孕了，第二年春天生下一个大胖小子）在桂树下聊天、织毛衣，有时她们抬起头看看我，然后对我亲切地一笑。

我上了二楼，另外一家租户居然还在。他正和女朋友（或许现在是老婆了）在做饭，看见我，像是看到久别重逢的老朋友，惊讶中带点兴奋，大叫道："诗人回来了！"我一颔首，开玩笑说："你们也挺恋旧的，要不要把房子买下来？"男人说："习惯了，不愿挪地儿了。"他们还像是生活在三四年前。

当初我也想长居于此，甚至曾找了个月薪两千五的工作干过一阵子。

他们客气地请我坐下吃饭，我推辞了。我也喜欢这一对儿，他们有时候会吵架，男人就来我房间坐一会儿，他在旁边抽烟，我看书写作，他愿意说，我就听着，应和几句开导几句。大多数的时候他们都是欢声笑语。平时我深居简出，喜欢站在阳台上抽烟，吹风。

我还羡慕他们的爱情，虽有小摩擦，但仍那么和谐。早上，男人骑着摩托车带女人去上班，晚上一块回来，路边买点菜，一起择菜洗菜炒菜煮饭洗碗，分配得那么恰当，配合得那么默契。看到他们坐在地上，端着碗，夹菜，说着话，心底油然生起一阵感动。

房东把我的房间打开，一股霉味扑鼻而来，房间阴暗而拥挤。
床上还铺着我丢弃的薄垫子，我记得有一个凸出的钉子总会在晚上硌着我，犹如一个心腹之患，时刻提醒着我："你怎么不去工作，你就不考虑一下父母的感受？"我只能睡在左边或右边，绝不能睡在中间，冬天铺两层厚褥子会好一点儿。也像当时我和女朋友之间的一颗钉子——"你爱我吗，你会和我结婚吗？"

桌子还靠着墙，在窗户边，上面落满了灰尘；简易衣橱已经变形褪色了，那还是前一个房客留下来的。另外就是满满堆着的木材和板子，以及其他一些杂物，我感到它们在排斥我。

我退出房间，呼吸一口新鲜的空气。

我心酸，想哭。

我实在不该回到这里，我只要去山里把三年前藏起来的东西取回，彻底把这一段往事从记忆中抹去吧，再也不要回首。

临走前，我问房东老婆在不在，和她道个别。房东笑起来，有些尴尬，说："我们早离婚了。"我一时觉得惊讶，我问他们为什么离婚，房东说："出去走走，我送你到山脚下。"

我一边走着，一边听房东向我讲他离婚的事。原来，老婆嫌弃他是开出租车的，没有上进心，爱打游戏，又管教不下。

当然，最重要的原因是，八一路从沙湾村穿过，却并没有占用他们家的土地，补偿就别想了。最后他老婆跟一个外地做生意的商人跑了，孩子也不要了。

这种"贫贱夫妻百事哀"的故事司空见惯，也没什么好唏嘘的。多少女人过不得平淡如水的生活，即使那一对幸福的小情侣，你能说他们未来一定幸福？

我怀念那段诗意栖居的日子，没有什么好遗憾的，明天自有明天的忧虑。

不觉到了山脚下，要告别了，我不知该对房东说什么，祝他生活幸福，日子美满？我握着他的手，只说了句："谢谢。"他对我说："我喜欢你写的诗，有空常来玩。以后出书了，一定要送我一本。"我连说："一定，一定。"其实我也不知道，何时才能再来南望山。

小路旁有一间破旧屋子，如今委顿在那里。

曾经一个夜晚，我从光谷书城回来，听到屋子里有打击乐的声音。走近推开门一看，原来是一支乐队在排练，三男一女，吉他贝斯架子鼓和键盘，顿时让我激情澎湃。我坐下来，听他们唱了几首歌，聊了几句。他们都是附近地质大学的学生，因为梦想走在一起，组建了一个乐队，在学校各种晚会上演唱，也去其他的高校演唱，唱的都是自己原创的歌曲。我看了他们写的歌词，非常好，像诗歌一样优美，让我颇为羞愧。

我再次走近它，一个纸板挂在生锈的铁门上。上面写着：此房出租，内置大吊扇降温，每月租金人民币一百元整，水电按表算。有义者请联系下面电话：185 ×××× ××××。那个错别字"义"字，让我哑然失笑。

沿着山路走，就可以到达地质大学北区，连接北区和南区的是穿过南望山的隧道，足足有三百米长。天色渐渐暗下来，鸟儿都飞了回来，在林间树枝上叽叽喳喳地叫着，又回到从前我看到听到的场景。鸟声中夹杂了狗的吠叫声和人的吆喝声，闹哄哄一片。

我想起在山的这头有另外一个废弃的山间隧道，住着一个流浪汉。有几次，我走近，在十米之外看了看，流浪汉在隧道里搭了一个家，洞口架起了炊火，烧水煮饭。

为什么我不坐下来，和他说说话，听他讲讲自己的故事呢？我决心不错过这个难得的机会，坚定地迈步走向废弃的隧道。

流浪汉注意到了我，他站在洞口，手持饭盆，目不转睛凝视着我。有一只小狗在旁边边叫边退缩着，流浪汉一挥手，它就坐在边上，不再吱声了。我走近他，说："你好！"并伸出手。他略一迟疑，随即也伸出了手。我告诉他，我是一个路过的人，曾经在沙湾村住了一年，经常看见他在两棵树之间的吊床上睡觉，曾在一篇文章里说他是一个"梭罗式的人物"。他笑了笑，说："我以前也有过一本《瓦尔登湖》，后来弄丢了。"

正如我所料，他不是一个没有故事的流浪汉。

"年轻时，我喜欢过一个姑娘，她对我说，你要走遍世界，把看到的风景告诉我。于是我就背起包，开始流浪。我看过很多景色，见过很多人物，身上的衣服褴褛了，脸上也布满风尘。后来我累了，厌倦了，就在这个隧道里住下了。"他端着饭盆，边吃边说，那只狗也在一旁安静地吃着饭。

我问那个姑娘后来怎么样了，他说："年轻人，你该走了，天黑了。"此时，月亮爬上了山头，是一轮圆月。月光倾洒在山林间，也洒在流浪汉的身上，狗的身上，和我的身上。

穿过地大隧道，进入灯火通明的城市，我把那段荒唐的岁月埋在了南望山。

樟树下

后山离大樟树不远，就在两百米外，半山腰上有一个小庙。小时候我经常去那里玩，没有门匾，庙墙上写着"有求必应"四个大字，里面正中供着一个大人物的雕像，据说是岳飞。"岳"和"药"在本地方言里发一个音，按理说，应该是药王庙，保佑人民身体健康长寿，才说得通。至于那个石像是不是岳飞，我看着不像，但我也不知道岳飞到底长什么样子。

1

樟树下是一个地名，顾名思义，这个地方必然有一棵樟树。据爷爷讲，这棵樟树已经有三百多年的历史了，就种在我们垸前的山坡下，足足有三个成年人合抱粗。

"垸"是本地同姓村民聚集的一个区域单位，念"塆"，樟树下在行政上正式名字叫桂家垸，也就是说樟树下住的都是姓桂的人。因为这棵樟树太大，五六里外都能看见，早已成为附近村落的一个标志，所以人们习惯上还是叫桂家垸为樟树下。

小时候，我家住在镇上，但是每逢过年、清明或者亲戚家红白喜事都要回乡下。远远看见那棵青黑、"童童如车盖"的樟树，就知道快要到老家了。

樟树下隶属于何刘村，何刘村下面有很多姓氏，当然也就有很多垸了。何刘是两个大姓，小姓有李张汤熊童等，何刘两姓都有两百多户，小姓户数不等，四五十、一二十户的都有。桂姓只有十四户，更少的是汤姓，仅五户，人虽然少，也算是一个垸。

桂姓在何刘村也有三百多年的历史了，和那棵樟树一样久远，桂姓人少，而且各家各户根本就是一家子。我爷爷兄弟四人，他是老大，还有一个妹妹，老三，也就是我姑妈，嫁到了何姓。整个樟树下就是我四个爷爷的子孙，推算到曾祖父一辈，只有兄弟两人，曾叔祖父入赘到刘姓。

我舅舅曾去过樟树下，用他的话说，撒泡尿的工夫都可以绕桂家垸走一圈。就是这么一个小垸，让我时常想起它，和那棵高大的樟树。

我自六岁就回到了镇上小学念书，从此没有在那里生活过，但童年甚至婴孩时代的记忆似乎一直留存在我的脑海深处。经常有一个声音在召唤我，要我去挖掘樟树的故事，还原一个真实的"过去"。
直到这两年，回到老家听闻了一些历史和变故，前因后果着实令人感慨。我利用工作之余搜索整理，现在才有机会将它写出来。以此纪念逝去的和依旧生活在那里的人，以及那棵樟树。

是的，樟树已经不在了。村里将后山出卖，树木事先都被挖走，大樟树也不知道被移到哪里，只用三万块钱打发了事。以前，我一直以为乡下人都往城里跑，买房子定居，那么以后乡村不是没人，荒废了吗？可是我错了，城里靠卖土地增加 GDP，乡下则有山有水有树木，因此他们也想要分一勺改革开放、经济发展的蛋糕，能卖的就卖掉，只为了眼前的利益，生态环境破坏了也不关他们的事，因为他们的后代都要做城里人。

就拿樟树下来说，我爸早就搬到了镇上，后来搬进市里，三叔家的堂兄在镇上买了房子，四叔也搬到市里，只有我大伯一家还住在乡下，樟树下已经没剩下几户人，和汤姓差不多。

樟树被卖掉，全垸的人最后都没有反对。一来他们不再关心乡下的生活，仅有的几户，只有我五爷爷埋怨泄愤了几句，忿忿不平地说："刘汉荣不是个东西，明明知道女儿有病，还把她嫁给江锋，肯定是有意栽赃陷害……"刘汉荣是何刘村的书记，江锋是我大伯的儿子，我的堂兄，他还是何刘村的副主任。

我妈在边上，打断五爷爷的话，叹气道："别说了，人都死了，说这些有什么用，没闹到法庭上就不错了。"底下，大家一片沉默。这就是第二个原因，堂兄的媳妇刘小芳在樟树上自缢了。连之前一直强烈反对卖树的爸爸也无可奈何，任由堂兄自己开着挖掘机将樟树刨走，每户分得两千块钱。

事情还要追溯到两年前的春节，我随爸爸回乡拜年。我们坐在五爷爷家门口晒太阳，嗑瓜子，聊着家常。江锋堂兄分给我爸一支"红梅"，我爸说戒了，不抽。他又分给我，我接着，他给我点上。堂兄坐下来，说要跟我爸商量件事，正好趁过年长辈都在。五爷爷靠在墙角，抱着暖手炉，鼻子出气，脸色也不好看，说是不是要卖樟树。我爸听了忙问："谁要卖树？那树怎么能卖呢！"

堂兄有点尴尬，说："村委会已经决定将后山卖给开发商，那棵树得移走，说是赔……"
"赔一百万也不行！锋儿，你说话没用，不要以为自己是副主任，多大的官，叫你爸来跟我说。"五爷爷气愤地说。

"刘汉荣来了也没用，不可能卖掉樟树。想当年，你爷爷死了，做棺材都没有动一根树枝。"我爸说。

"我死了也不能动！"五爷爷厉声呵斥道。很显然，他和我爸一样对那棵樟树怀有深厚的感情，绝不允许他人将樟树移走或者卖掉。中国农村的传统习俗，是在自家屋前或后面种一棵树，等它长到一定高度，锯掉做成棺木，等自己死了用，也可以做柜子椅子。

气氛显得局促起来，堂兄搓搓手，毫无底气地跟我爸说："二叔，刘书记知道你在市里当官，说话有分量，所以让我来问问你。你看，现在亲戚都搬到了镇上，乡下也没几个人，留着那棵树也没用，土地卖给开发商还能让农民创收。"

"你相信能创收？我在市里都不相信，土地卖出去只有少数人能捞到钱，"我爸说，"你爸是什么意见，我不相信他也同意卖掉。"

"我爸也不同意。"堂兄低着头，小声说。

"中午叫你爸过来吃饭，我和你爸、你二叔商量一下修家谱的事，"五爷爷摆摆手，说，"以后不要在我面前提卖树的事。"

我坐在旁边没有插嘴的份儿，但听到五爷爷说要和大伯坐在一张桌子上吃饭谈事，心里还是为之一动，因为他们很多年不来往了，是一对冤家。这事我从小就知道，因为六岁之前我都住在乡下，是五爷爷和五奶奶带大的。大伯从来不会去五爷爷家看我，只是在路上或者我在坑里玩耍，他看到了，才会慈祥地摸摸我的头。但是江锋堂兄经常带我出去玩，去后山追赶野鸡，去地里刨红薯，村里搭台唱戏，他就让我跨坐在他肩上看热闹，睡着了他就背着我回家，送到五爷爷家。

我爸妈虽然是政府工作人员，但十分迷信。我生下来后，爷爷抱我去村里药王庙，找和尚算过命，说我五行缺木，要在乡下养，因为樟树下有一棵大樟树，可以护佑我。

那时，五奶奶还有奶水，她只比我妈大七岁，生了四个儿子和一个女儿，还想要生，最小的儿子已经八岁，居然还在吃奶。我妈委托五爷爷和五奶奶养我，五奶奶就没有再生。至今那位小叔叔还经常说起这件事，然后我就拿他八岁还吃奶的行为开玩笑。

小叔叔和江锋堂兄同一年生，他们因为父辈（五爷爷和大伯）之间的矛盾也有了隔阂，由此不相往来。要么是小叔叔带着我玩，要么是堂兄，我们三个人从来没有在一起玩耍过。其中的隐情是长大后爸爸讲给我听的：

"文化大革命"开始后，1967年全国各地发生严重的武斗事件，连小小的何刘村也未能幸免。所谓的派别斗争，到了下面就变成姓氏斗争。何刘村两大姓氏何姓与刘姓为争夺村子的主导权，也就是书记和村长的位置，大打出手，死伤不计。

当时的书记是刘姓把持，而村长姓何。其他大大小小各个姓氏就要排队站位置，桂姓是小姓，如何站队就成了垸里争论的焦点。我爷爷赞成跟着姓何的，因为他妹妹，也就是我姑妈，嫁到了何姓，这样可以保护自己的亲人。

但五爷爷不这么想，他认为，书记比村长官儿大，而且刘姓要比何姓人多，最后打赢的肯定是刘姓。他甚至动员姑妈和姑爹离婚，游说不成就拉着四爷爷一起去投奔刘姓。

大伯那时才十九岁，当过红卫兵，串联去北京见过毛主席。听说五爷爷要"叛逃"，大伯就带着二爷爷抓人，半道四人打了一架。但五爷爷不是大伯的对手，被抓了回来，绑在大樟树下，饿了五天五夜才松绑。

虽然最后桂姓哪边都没有参与，但五爷爷和大伯的梁子从此结上了，谁也不理谁，十年如一日。

2

那天午饭是在五爷爷家吃的，大伯也来了。修家谱是一件大事，大伯是他那一辈的老大，爷爷去世之后，家谱就交给他了。

我曾见过那套家谱，爷爷把它放在一个木箱子里，二十多本线装书整整齐齐地摆放着，用黄色的锦帛包裹着，就像电影里皇帝的黄马褂那种布料，里面记载了桂姓的起源和传承。

我听爷爷讲，樟树下桂姓是三百多年前，明清鼎新之际从江南迁徙过来的。明初有一个叫桂彦良的，是浙江慈溪人，《明史》上有记载，朱元璋说他"江南大儒，惟卿一人"。他的子侄桂宗儒、桂宗蕃都参与过《永乐大典》的撰修。还有一个学者叫桂怀英，也是慈溪人，被诛十族的方孝孺仰慕其名，尊称他为"古香先生"。

樟树下虽然没有祠堂，但爷爷经常说起一个宗祠通用联：明代江南大儒；慈溪古香先生。说的就是桂彦良和桂怀英。爷爷感慨道："六百年前，我们桂姓也算是江南望族。"

清军入关后，在扬州各地屠城十日，江南桂氏自此移民，四处分散，樟树下和那棵樟树就是那时落地生根的。然而也经历了一些坎坷，外来姓氏要移居何刘村，必然得周旋在何刘两姓之间。

据说当时刘氏族长家中仅有一个女儿，他提出了一个建议，桂氏要想在何刘村扎根，必须将一个成年男丁入赘到刘氏家族，每代如此。生下来的儿子要姓刘，而女儿可以姓桂，也可以姓刘，以此换他们山脚下的一块地。倒插门虽然没什么颜面，但是为了整个家族，总要有人作出牺牲，因此桂刘两姓就达成了这一契约。曾叔祖入赘到刘家，或许就是这个原因。我有个小学同学，他妈妈姓桂，是我曾叔祖的儿子的女儿。儿子虽然姓刘，但是儿子的女儿可以姓桂，但毕竟是要嫁出去的，姓什么都无所谓。这位远房姑姑每次看到我都特别亲切，紧紧攥住我的手，往我兜里塞好多吃的。

樟树的意义就在于此，它是一个家族的象征，参演载着桂姓移民扎根和漂泊流浪的血泪史。

我们看到太多的古物被毁掉，而年轻的一代又不热衷于做传承的工作，

终究有一天，会把什么都遗弃。民间文化和传统也将随着世事变迁而被
湮灭在纷纷攘攘的历史长河中。

多么的可悲，却又让人无可奈何。

中午五奶奶做了满满一大桌子菜肴，有鱼有肉，鸡鸭牛羊齐全。五爷爷
家的叔叔还拿出自己酿的米酒，珍藏了很多年，喝起来甘醇爽口，让我
禁不住频频举杯。在火锅煮起的腾腾雾气中，每个人都红光面满，笑态
可掬。

难得一大家子坐在一张饭桌上吃饭，屋子里弥漫着其乐融融的气息。自
从爷爷去世，就很少有这样的场景了。

大家相互举杯祝福，五爷爷开始讲话了："明年全县姓桂的要修家谱，
我们樟树下二十多年没有续过谱子，很多孙子辈的名字还没有入家谱，
所以今年大家要把这个事情办好。"
"主要是没有人组织，大家都不住在一块。"爸爸说。

"这次由我来主导，今年我就七十了。俗话说，七十三，八十四，阎王
不请自己去。我想看着儿孙辈的名字都被记载下来，一代代地流传下去，"
五爷爷说，"每户要把钱交上，按人头收，现在女儿也可以入家谱，所
以钱肯定要多交一点儿。"

"女孩子入什么族谱，嫁出去的人泼出去的水。"下面有人犯嘀咕，是五爷爷家的老二，他生了三个女儿，好不容易才有一个儿子。

五爷爷干瞪他一眼，说："女儿也是我的孙子！自己不争气，你怪谁。"

大伯坐在五爷爷旁边，一直没有说话，这时才开口："我爹把家谱传给我，江锋是他那一辈的长孙，本来应该传给他。但是他现在还没有成婚生子，五叔家的曾孙是老大。反正最后也要传过去，吃完饭我就拿来交给五叔。"

"用的时候再给我吧，先放在你那儿，我死了你们爱怎么折腾怎么折腾，不关我的事。"五爷爷说。

"大过年的说什么死不死，五爷爷肯定能长命百岁。来，我敬五爷爷一杯。"江锋堂兄站起来，说着吉利话，一饮而尽。

长辈们谈论着家谱的大事，我也饶有兴致地听着，但并没有超出以前爷爷告诉过我的。

后来他们的话题转移到江锋堂兄的事业上，堂兄在村里承包了好几个鱼塘，这几年收入还不错，每年都会给自家人分几十斤的鱼，有的鱼甚至长到两米长，这都归功于堂兄的勤奋和好学。

其实他本来就是何刘村最早的一批大学生。十七岁就考上南方一所重点大学，那时上大学还不用交学费，但是毕业也不包分配了。他在一个外企工作了好多年，是乡下人羡慕的白领，每到过年回来都有衣锦还乡的派头。奇怪的是他一直没有成家，直到五年前，他竟然把那边的工作辞了，回到樟树下做起农民，种地养殖。

"锋儿有三十五岁了吧，花子你也不催他结婚，难道要他打一辈子光棍，不想抱孙子了？"五爷爷说。"花子"是我大伯的小名，乡下人取女性化的小名是为了好养大。比如我三叔的小名是三妹，我爸叫黑假儿，假儿就是女孩子的意思。

"我管不着他，他心里就只有他的鱼塘，今年还准备养猪。"大伯有点不满地说。

"汉荣的女儿不是今年毕业吗，找人说说媒，娶过来。"我爸突然提议道。

"人家是研究生，怎么会看上我，再说我大她那么多。"堂兄红着脸，忙推辞。

"男人大女的很正常，他女儿也有二十五六岁了，还没找对象，汉荣心里肯定着急，"五爷爷说，"你要是能做他的女婿，说不定以后书记也是你的。"

"现在谁愿意在乡下过日子，村长书记又不稀罕。"堂兄说。

"我下次问问，汉荣还是肯给我面子的。"五爷爷说。

"不用了……"堂兄还没说完，大伯抢着说："五叔要是能说媒，我得给你包红包。"

"爸，樟树的事还没说好，书记怎么会跟我……"堂兄给大伯使眼色。
"把他女儿娶过来，树的事就我们说了算。"我爸心怀城府地笑了笑。

刘汉荣的女儿我也认识，比我还小两岁，高中时我们就在同一所学校。
当年她没有考上重点高中，就花钱买了进去。

我上高三她读高一，在学校见到她，打过招呼说过话，感觉是一个敏感
的女孩子，不爱说话，容易紧张。成绩也不是特别好，一直徘徊在中游，
后来只考上普通本科大学，接着又去读了研究生。
"牛儿在北京怎么样？"堂兄突然问我，矛头马上就转向了我。牛儿是
我的小名，因为我是牛年出生的。小时候在乡下，亲戚都这么叫我，现
在听起来还是那么亲切、温暖。

"要买房吗？"堂兄接着问。
"怎么可能，哪里买得起啊。"我说。
"我只能给他凑个首付，月供要还三十年。"爸爸说。
"我回来跟锋哥养猪得了。"我开玩笑道。爸爸扭头看了我一眼，仿佛
在说："没志气。"

"小时候啊，牛儿经常说，长大了要开轿车接我和奶奶去大城市里住。"

五爷爷又开始回忆起往事。每次他说起这个，我都不好意思，不知该怎么接话。

我们为什么要在城市里居住？
工作后，我才知道生活的艰难，寄居在外的漂泊、疲倦和无归属感，才是最虚无的。

而樟树下有新鲜的空气，甘甜的井水，和和蔼的亲人。

远离家乡，我时常想起那棵大樟树，仿佛它是我的庇护神，召唤我回去——它是我心中永存的丰碑。

3

我现在还记得在樟树的一些细节，它的根特别粗，有些旁逸斜出，五爷爷经常把牛系在上面；树根下有一个洞，是大黄的狗窝；还有五奶奶坐在树下剥麻皮编麻绳的情景；秋天，树下落满了枯黄的树叶，仿佛画中一样，踩在上面吱吱作响；如果要上树，得架一个梯子；每年正月十五奶奶会拿一碗白米饭，鱼和肉还有青菜，以及一盅白酒，让我爬梯子上去，放在树干枝桠中间，说是供树神，下午又让我爬上去取下来，喂大黄……这些片段经常在我脑海中浮现。

吃过午饭后，叔伯们和五爷爷继续谈着事，五奶奶把我拉到厨房，让我陪她去山上的药王庙。"我给你求个签，保佑我儿多挣钱，明年带个媳妇回来。"五奶奶说。

她拿出篮子，装着酒肉，让我提着，我们就去了后山。后山离大樟树不远，就在两百米外，半山腰上有一个小庙。

小时候我经常去那里玩，没有门匾，庙墙上写着"有求必应"四个大字，里面正中供着一个大人物的雕像，据说是岳飞。"岳"和"药"在本地方言里发一个音，按理说，应该是药王庙，保佑人民身体健康长寿，才说得通。

至于那个石像是不是岳飞，我看着不像，但我也不知道岳飞到底长什么样子。

我跟着五奶奶进了药王庙，庙里有一个光头住持，却穿着道袍，非僧非道，不伦不类，让人觉得好笑，六十多岁的年纪。看见五奶奶进来，叫了一声"嫂子"，又问我是谁。

五奶奶说："这是我孙子啊，小时候吃我奶的孙子。"

"都长这么大了，真是一表人才。"光头住持说。

"是不小了，在北京上班，每年都会来看我。今天想起来，就带他求个签。"五奶奶说，拉我跪在蒲团上，叩拜了几下，嘴里念念有词，把竹筒里的一根木签摇了出来。

"起兴，给我算算，为我儿求的。"五奶奶对光头住持说，原来他叫起兴。
"求什么，事业？婚姻？"住持问。

"嗯，想我儿挣多点钱，带个媳妇回来。"
住持戴上老花眼镜，歪着头，眯着眼，拿起木签细细看，说："你孙儿命好啊，这两年能发财，挣大钱。婚姻嘛，不要急，五年之内可以抱曾孙。"

"这么久啊，我这一把老骨头还能活几年。"五奶奶说。

"奶奶能活一百岁，我结婚时还要请你坐上位呢。"我忙说。其实，发财、挣大钱才是我感兴趣的，人们总喜欢听发财吉祥的话。我问住持："你说我两年内挣大钱，能挣多少？"

"天机不可泄露。"住持诡异地笑了笑。
"够我在北京买房吗，首付？"我锲而不舍。
"五十万，一百万？可以的。"住持斩钉截铁地说，怕我不相信。

我觉得好笑，像我这样一个普通上班族，发大财简直跟彩票中五百万一样遥不可及。

五奶奶听着倒高兴，从棉袄里找出二十块钱，放进功德箱里，这够她买一早上的菜。五奶奶对着"岳王像"又重复了两遍："求岳王爷保佑，求岳王爷保佑。"

我不知道说的是"药王"还是"岳王"，好奇心起来，就问住持："这是岳飞像吗？"

"是啊！要不怎么叫岳王庙。"住持说。

"我一直以为是吃药的药，药圣的庙。"我用普通话说"药"。

"当然，求个福利也可以这么说。但你知道为什么要供着岳飞吗？"主持问我。

"不知道，我也很奇怪。"

"这个庙是太平天国时候建的，驱除鞑虏，你听说过吧，大学生应该知道。岳飞是民族英雄，抵抗金兀术，收复失地。而太平天国就是为了打击清王朝满族统治的，要把他们赶走，"住持说着，"太平天国失败后，你们桂姓的一个祖先回来，在这个庙里出家了。"

"你不也姓桂吗？"五奶奶在一旁笑道。她猜测我想听故事，就说："屋里还有鸡和猪要喂，牛儿你要听他讲，就待一会儿，我先回去了。"

我听到五奶奶说光头住持也姓桂，就更加好奇了，一时间不想回去。就对奶奶说："好，奶奶路上小心点，我过一会儿就回去。"

"好的，不要太晚了。"五奶奶说。

奶奶一出庙门，我就忍不住问住持："你也是桂家垸的吗，怎么我从小就没见过你。"

难怪五奶奶刚进庙的时候，主持喊她"嫂子"，原来他就是曾叔祖的儿子，和爷爷是堂兄弟。

曾叔祖入赘到刘姓，生的儿子也应该姓刘，但不知道什么原因，住持没有跟我讲，他后来就改回了本姓，住进庙里，以替人算命为营生。

我问他："明年桂姓要修家谱，你的名字在家谱里吗？"
"不在，以前在刘姓家谱里，现在估计也划掉了。我不在乎，无名天地之始。"我知道他说的是《道德经》里的话。

"县里还有其他地方姓桂的吗，为什么樟树下桂姓这么少？"我问他，这是一直困惑我的问题。

"另一个镇上还有两个垸，上桂和下桂，两百多户，"住持说，"但都是从我们这里迁过去的，在一百五十多年前。"
"为什么要迁过去，我们为什么不一起迁过去？"我发现疑问越来越多。

"这还要从太平天国说起，那时候，桂姓已经在本地定居了两百多年，家族也很盛大。但每代还要有一个男丁入赘到刘姓，何姓也强迫桂姓交赋上税，压榨我们。

"太平军逼近时，桂姓一个叫桂高佑的在樟树下聚众起义，投奔了太平军，据说还当上某一王的军师。不久他就率领太平军攻克县城，竟然打回来将刘姓何姓的族长砍了头，田地也重新进行分配。

"太平天国灭亡后，何刘两姓重新掌握权势，开始迫害报复、驱赶桂姓，也杀了很多人。另外一些桂姓就迁走了，只剩下那棵老樟树，象征着桂姓在这里扎根的历史。

"太平天国虽然灭亡，但残余的太平军还在四处活动。传闻说桂高佑藏匿了许多金银财宝，伺机卷土重来。赖文光部路过何刘村，进行过大肆搜索，但最终还是一无所获。

"带头造反的桂高佑失踪多年后，带了一个小孩回来。当然没有人知道他是桂高佑，他的面部在炮火中毁伤，还剃了光头。小孩子长大，结婚生子，死前才敢公开他的身份。
"那时，六十多年过去了，历史的伤痛逐渐消散，姓氏之间的倾轧也趋于和解。再说樟树下桂姓就剩下这一脉，人多少还是有一点同情心的。"

"原来还有这等事。"我听他讲完，也感慨不已。

"我看过你爷爷的家谱，里面能查到桂高佑，"住持说，"这些历史是口头传承下来的，我给别人算命，知道很多信息。"

这些历史不仅解开了我之前的疑惑，也增加了我对樟树下的热爱，也清楚了五爷爷、大伯和爸爸坚决反对挖树的原因。

如果我也有投票的权利，肯定会投上反对票。而堂兄碍于他的身份和前途，轻易抛弃家族的"传承"是多么不值得。

"镇上的桂腊梅、李心武，你认识吗？"我想起那位远房姑姑，就问他。
"他们是我女儿和外孙。"住持说。
"李心武跟我是小学初中同学，那时候我经常去他家玩。"我说。
"以前他们也会来看我，后来……"住持欲言又止，说，"时间不早了，你该回去了。"

看样子，他是不会告诉我的，我只得告辞，下山回到五爷爷家。明天还要去其他亲戚家拜年，我和爸爸也该回镇上了。

下午我们离开樟树下，路上我告诉爸爸我听到的故事，大致都是真实的。至于曾叔祖的儿子为什么要去当和尚，我还是不明白，就问爸爸。

"他本来叫刘起兴，以前还是村委会的副主任，九十年代初想竞选当村长，但被刘姓的人排挤，"爸爸轻描淡写地说，"就因为是桂姓入赘户生的，说他是倒插门的儿子，没有资格当村长，村里的人暗地里还说一些难听的话。"

"如今还有这种事，太荒唐了！"我想起金庸小说《天龙八部》里的乔峰，不禁为本家亲戚的遭遇感到愤慨。

"消沉一段时间，他把姓也改了。后来他就脱离了刘家垸，出家当了和尚。"爸爸说。

"他也不算和尚，还给人算命呢。"我说。

"都一样，你爷爷死了还请他去做过法事，听说算命挺准的。"爸爸说着，我笑而不语。

第二天，在镇上，我和爸爸又分头去给三叔四舅等亲戚拜年。趁着有空我就去了一趟李心武家，只有他妈妈一个人在家招待客人。看到我来了，又是倒茶点烟，还让我中午留下来吃饭，客气得让人有些难为情。我问她："李心武不在家吗？"

"他去舅舅家拜年了，"姑姑说，"何刘村，你去了没？"

"昨天去的，还去庙里上了香，"我说，"原来庙里算命的是心武外公。"

"他给你算命了吗，不要信那些。"姑姑说。

"我本来就不信，"我说，"姑姑，你知道曾叔祖为什么要入赘到刘家吗？"这是我回来想到的，按光头住持讲，入赘的契约是三百多年前定的，太平天国之后，桂姓都迁走了，只剩下桂高佑一支，按理说（实际上也是）刘姓就没有再要求桂姓入赘。

"哦，我小时候听爷爷讲过，是他自己要求入赘的。"姑姑说。

"一个大男人为什么要去当倒插门啊？"我惊讶地问。

"你太爷爷和我爷爷年轻的时候，同时喜欢上一个女人，姓刘，也就是我奶奶，"姑姑说，"我爷爷为了争取和奶奶在一起，就主动要求入赘。婚后他们生活在刘家，但外人总是冷嘲热讽。特别是他们生了孩子后，爷爷想要儿子姓桂，但上人不答应。既然入赘了，就没有做主的份儿。儿子也经常被人说闲话，他很苦恼。""儿子"就是姑姑的父亲，庙里的光头住持。

原来中间还有如此插曲，为了爱情放下尊严，在乡下可算是很大的面子问题。姑姑叹口气，又说："这样说来，刘桂两姓也算是连襟，但在'文革'武斗期间，刘姓跟何姓大打出手，本来想拉桂姓入伙。但你爷爷为了保护嫁到何姓的妹妹就没有参与，把四叔和五叔绑在樟树上饿了好几天。"

"那武斗中，桂家垸是如何自保的？"我不禁问。

"听说你太爷爷把很多传家宝，把银器手镯戒指分给何刘两姓，最后就没有被斗争。汤姓就没有这么幸运，差点被杀绝了，直到现在还和其他埂不来往。"我现在才明白，汤姓为什么只剩下五户，历史的真相总让人不堪回首。

我对姑姑说，告诉心武我来过，有空找我玩。

姑姑又紧紧攥住我的手，眼眶红了，让我以后多来看望看望她。
我记得以前家族各种红白喜事都没有请过他们，早已没有把他们当作桂姓人。他们却一直希望打通这一层关系，感受亲人间的温暖，可想而知姑姑与光头住持在刘家受到的委屈。

4

当年九月，我听说江锋堂兄结婚了。我因为在北京，就没有回去，是妈妈去随礼的。新娘就是刘汉荣的女儿刘小芳，媒人是五爷爷。

之前，大伯生过一次病，躺在床上，说想看到堂兄结婚才能瞑目。这当然是吓唬堂兄的，逼迫他早点结婚的伎俩而已。妈妈说酒席上，大伯身体硬朗着，一点儿事都没有，精神特别足。

刘汉荣的女儿研究生毕业，没有在外面找工作，被她爸爸安排在村小学教书，事业编制。五爷爷听了我爸的建议，亲自去刘家提亲。没想到，刘汉荣一口答应了，而且同意樟树不用迁走，永久归樟树下所有。

事情过于顺利，大家虽然有疑惑，但终归是松了一口气。

九月份，大伯就把堂兄的婚礼办了，刘小芳也怀孕了。第二年过年，我和妈妈回老家，看到挺着大肚子的刘小芳，一脸慵懒，眉宇间却有些紧蹙。我问我妈，她是不是有什么心事。我妈说怀孕的女人就这样，还问我什么时候带个女孩子回家。我告诉她，去年奶奶给我算了命，五年之内。

妈妈不屑地看了我一眼，说我没有一句正经话。又说，要是你爸先提亲，把刘小芳嫁给你，今年我就能抱孙子了。

直到有一次，妈妈给我打电话，说："幸好刘小芳没有嫁给你，她跳水塘差点淹死了。"我忙问怎么了，妈妈说："医生说是产后综合症，抑郁想不开。"水塘就是堂兄养鱼的池塘，幸好发现得早，被人救了起来。现在老人和堂兄都不让她接近孩子，成天得有人看着。

我对妈妈说："过年的时候我就说怪怪的，你说女人怀孕都会这样。"

"是有点问题啊，"妈妈想了想，又说，"难怪当初刘汉荣答应得这么快，看来他早就知道有问题。"

"是不是堂兄对她不好啊？"我虽然知道大伯家里的为人，但还是问了出来。

"怎么可能，你大伯高兴还来不及，生了一个孙子，跟捡了宝似的，"

妈妈说，又不忘教育我，"以后你可不要找个这么样女人，寻死八，你大伯说不定还怨恨你爸和五叔。"

"十一"放假，我又回了一趟家，才知道刘小芳上吊自杀了。我决定去老家看一看。走在乡间的小路上，阳光明媚，蓝天白云，清风柔和地吹拂着我的面颊，久居北京的压抑感顿时得到疏解。

没有雾霾，没有拥挤的人群，山山水水，那么美好，像是置身桃花源中，心情也愉快了很多。快要到樟树下时，视野之外，像少了什么，总感觉哪里不对，随后马上反应过来：大樟树不见了！

樟树不在了，那么樟树下呢，仿佛它也不曾存在过。我有些眩晕，迷失了方向，无意识地往前走。到了大伯家，堂兄坐在屋前晒太阳、抽烟，看见我来了，有些诧异，赶紧搬出一把椅子，让我坐下。

我心脏怦怦直跳，气若游丝地问他："树呢？"
"挖了，卖了，移走了。"堂兄毫无感情地说着。我很生气，抱着头，许久都平静不下来。
"你嫂子在树上……我不能再看见那棵树。"堂兄说。
"她是你老婆，你不会看好吗？"我质问他。

"没用的，她早就想死了，哀莫大于心死，"堂兄说，"她在学校谈了一个男朋友，人家去了美国，她还念念不忘，脑子出了问题。刘汉荣知道她想不开，把她弄回家，巴不得把她嫁出去。我才是受害者。"

难道不是吗，堂兄被刘汉荣骗了，爸爸和五爷爷还要背上骂名。现在樟树也被挖掉了，这个垸不也是受害者吗？我的精神归属，我心中的丰碑，我今生最美好的记忆。

堂兄让我跟他到侧屋，那里有一口棺材，是大伯为自己准备的。棺材边上是一个木箱子，我认出来是爷爷以前装家谱的箱子。我不知道堂兄想干什么，他打开了箱子。

箱子里面并没有家谱，我看到一堆器皿和首饰，是银色和金黄的，有手镯、项链，小的是戒指、珍珠，大的是金碗、盘子，居然有金元宝和银元宝，这些我只在电视里见过。

我想起腊梅姑妈跟我说的，"文革"武斗时，曾祖父拿传家宝贿赂刘姓与何姓的往事。

我已经吃惊得说不出话来，堂兄这时把棺材盖翻开了。棺材底下铺了一层书，线装本，是桂氏家谱。书下面还有东西，用黄色锦帛盖住了，就是包裹家谱的布料。
堂兄揭开锦帛，我看到了一块一块的金砖，整整齐齐摆放在一起，差不多铺了一层！

我一下子目瞪口呆，心跳停止了，呼吸也停止了，差点就摔倒进棺材。我拿起一块金砖，前后左右上下翻看着，上面没有刻字，所以不知道是何年代的。拿在手里沉甸甸的，让人心神荡漾。

"一块有五斤重，总共六十八块。"堂兄说。
"从哪里来的？"我迫不及待地问。
"樟树下，就是那个狗洞下面。"

"你怎么知道下面有金砖？"我随即想起来，刘小芳在那棵树上上吊，堂兄因为睹物思人，把树挖掉了，找到了金银财宝。

"事先我也不知道，你嫂子上吊之前，总是胡言乱语，说樟树下有黄金。她脑子本来就出了问题，经常说一些莫名其妙的话，没有人相信。今天说池塘里有鱼精，要她的命；明天又说树上有神仙，和她一块玩。开始我并不在意，她死了之后，我思来想去，觉得奇怪，当然有一点儿碰运气的成分，才决定把树挖开看看。"堂兄说。

"那么说，你本来也没想过要挖树。"我问道。
"两个原因都有吧。后来我就租了一台挖掘机，趁夜把树挖开，果真发现有这么多财宝。"

"这应该是桂高佑埋的。"我说。堂兄问我桂高佑是谁，我把庙里听到的故事讲给他听。

"也有可能是明朝迁移过来的祖先埋的，爷爷不是经常说那时候我们桂姓在江南也算是望族吗。"堂兄说。

"现在该怎么办？"我问他。两人沉默着。很显然，在财富面前，我们都有点儿鬼迷心窍，没有人愿意交出去。
"我也不知道该怎么办，自从挖出了黄金，我晚上都睡不好觉，一定要找个人说说，"堂兄说，"不管是桂高佑还是祖先，它们都属于樟树下。"我晃悠着脑袋，内心在挣扎。

"你可以拿二十块走，够你在北京买房了。"堂兄说，他似乎看出了我心理的变化。

"别人不知道吧？"我问道。
"我爸还不知道，"堂兄说，"树都被挖了，这是我们应得的。"

堂兄把棺材盖上，我们走出了房间，站在屋前抽烟。我看着本应是樟树蔽荫的山坡，如今空荡荡的，山上的松树灌木也被挖走了。挖掘的新土也被翻整了，以后那里可能会盖起一栋别墅，或者重新种上别的树。
我曾经有一个美好的愿望，等挣了很多很多钱，回到乡下，在山脚下的池塘边盖一栋别墅，不用去工作，不用呼吸雾霾，不挤公交和地铁，做一个富贵的梭罗。

后来我在北京买了房，把集体户口换成个人的。也买了汽车，再也不用挤公交和地铁，但是堵车真的让人很恼火。

堂兄也搬走了，离开了樟树下，现在那里只剩下五爷爷一家。我不知道家谱修好没有，五爷爷终究没有躲过"七十三，八十四，阎王不请自己去"的命运——我再也没有机会开轿车接他到大城市里居住了。

樟树下没有了樟树，也没有桂姓子弟，还剩下什么？
烟一般随风而去。

东湖夜谈

他的建议使我对他产生了友好的心理，我问他看的什么片子，他说是《荒野生存》，讲的是一个美国大学生毕业后去荒野里生存，寻找自我的故事。我说有点像《瓦尔登湖》，他说是的。他又问我看什么书，我告诉他是耶茨的《十一种孤独》。

有一年春节，我从家里跑出来，计划去武汉、重庆、成都转转。

本来可以待到元宵节后去上班，但家里客多，我实在受不了各种应酬，还有妈妈苦心安排的相亲。只有从家里逃离出来，一个人浪荡在路上，我才能全身心地放松下来，用眼睛去看世界，用心灵去感受世界。一年中难得有这样的机会。

这是我年轻时候的想法，现在我已经提前迈进中年了。当时，我是一个在人生路上不断徘徊，忧郁而迷茫的年轻人。

到了武汉后，我订了一家青年旅舍，在东湖边上，叫"在这里"。那天天气阴沉，下着雨，雨丝无声地落在地上、湖面上，打在路旁的树叶上，带来阵阵寒意。房间是八人间，是瓷砖地板，空荡荡的，冷得要命，加我一共两个人住。开了空调，半天也没变暖和。

床上是薄薄的垫子，薄薄的羽绒被，脱了衣服，钻进去还是禁不住颤抖，蒙上脑袋，渐渐昏昏睡去。

也不知睡了多久，我被一阵视频声吵醒，同室住的人在看电影。我起身靠在床上看自己的书。他看着我，说："有点冷吧，可以把别的床上被子拿去盖。"

我一想，是啊，何必活受罪。于是把上铺的被子盖在身上，这下厚实了，也让我觉得温暖许多。他的建议使我对他产生了友好的心理，我问他看的什么片子，他说是《荒野生存》，讲的是一个美国大学生毕业后去荒野里生存，寻找自我的故事。

我说有点像《瓦尔登湖》，他说是的。他又问我看什么书，我告诉他是耶茨的《十一种孤独》。

聊到书籍和电影，我们开始找到交流的话题。后来，他问我为什么旅行。我实话告诉他，和家里人待在一起是一种煎熬。他略带伤感地说："我想回家却回不去。"

我感到迷惑，问他："你父母都不在了吗？"他说没有，都好好的，家里还有一个哥哥。我问他为什么不回家。他缓缓地向我讲起他的经历。

他现在三十岁了，五年前在一个研究所工作。这个研究所在北京的郊区，附近是绵延的群山，山里面有一个水库，他经常骑着自行车去山里转悠。工作两年，单位组织体检，他被查出得了肺结核，早期的。

肺结核是会传染的，所以单位把他调离了科研岗位，开始说让他去编辑部，后来又让他去休假，就差没把他辞退。一个月只发三百块钱，连吃饭都不够，光景凄凉。当时他还在所里谈了一个女朋友，也分手了。可每天避免不了的见面，让他更加痛苦。另外他家境也不好，半年免费药物治疗后，还需要一大笔费用，自己又不肯告诉亲人。

一直到临近过年，所里的人渐渐都回家了，他还在忍受着身体和心理的煎熬。病情似乎更加严重了，整天全身乏力，无精打采，像活在一个虚幻的世界里，咳带着血丝的痰。他想到以死来解脱自己，谁也不连累。

他认真思考了这样一个问题：如何去死？他不想死在所里面，更不想死在宿舍，不能让任何人看到他自我了断，他有着强烈的自尊心。

最后他想到了水库，何不投水自尽呢？

离新年还有三天，我跟父母说不回家了，去外地旅游。那天傍晚，我一个人往山里走，没有人注意到我。所里本来就没剩下几个人，除了看大门的。我走过两个村子，也没遇到一个人。

野外寒意渐浓，夜色弥漫，我穿了羽绒服，但脸和耳朵还是被冻得麻木。我想到一会儿要跳进湖里，整个人都会冻得僵硬，身体控制不住地发抖。一直走到水库边，我还在考虑是不是真的要跳进去。

很多时候，越是在艰苦恶劣的环境下，越容易激发出人的求生欲望。

水库是北京的饮用水源，被铁栅栏围起来了，不允许外人进入。我站在围栏外，想到自己从来没有进去过。夏天，我想翻进水库游泳，冬天，又想去溜冰，可一直没有尝试过。

因此，我决定在死之前进去看看。

围栏边都是一些不高的酸枣树，夏天会长出小小的青枣子，秋天又会枯萎，待麻雀把它们啄食掉。我有时在山里溜达，也会摘几颗放在嘴里，品咂着甜味。现在叶子都落光了，但枝干上的尖刺依然扎人。身上的羽绒服被拉开了几道口子，白色的羽绒散落出来，纷纷飞扬。

我的脸上也被刺了几下。经过水库边的一段灌木丛，我甚至想放弃往前走，可往回走又要遭受同样的针扎，我不喜欢走回头路。于是佝偻着身子，尽量保护好脸，继续往前钻。

来到水边，水面上只有薄薄的一层冰，根本无法溜冰。我以前在天津上大学，冬天经常能看到有人在河面上挖一个小洞，坐在小板凳上钓鱼。天津站边上的一段海河，结了冰人走在上面都没事，有的人为了抄近路，不从桥上过，就从这边走到那边。我有同事是地道的北京人，他们说小时候经常去后海溜冰，都是自己做的单腿驴子，如今很少见到了。

不能在冰面上行走，使我略微感到有些沮丧。然而这沮丧比起我要自杀的欲望，本来算不了什么，但一时我将自杀抛到了脑后。

当我想起自己马上就要死了，悲伤又弥漫心头。

我脱了鞋，又脱了袜子，把脚伸到水里试探，瞬间就感到了彻骨钻心的冰寒，全身顿时起了一层鸡皮疙瘩。适应水温最好的办法就是一个猛子扎进去，我一狠心就把上衣和下衣脱个精光，决然地往湖心走去。

后来我才想到，当时我为什么要脱衣服呢，我不是决定去死吗？
或许隐藏在我内心深处的欲望，并不是要去死，而是抵抗，抵抗这冰冷而坚硬的世界。

所以我下了水之后，虽然全身僵硬，但手脚还是不由自主地摆动、扑腾，不知哪里来的力气，使我一直往前游。在宁静而空旷的湖面，星空寂寥，我像一只孤独的野鸭子朝宇宙深处游弋。
游了很久，气都喘不过来了，但我一直坚持着。当我手掌接触到沙石，就已经到达了彼岸。

我两手撑在岸边，半个身子和双腿还泡在水里，这让我想起但丁《神曲》
中炼狱的沼泽，我被拯救了。我僵硬地爬上岸，全身赤裸，瑟瑟发抖。
我沿着湖边走，微风吹在我湿漉漉的身上，比刚才在水里面更冷。

我想找件衣服，可它们都在对岸。

我径自往一片林子里面走去。这是一片山桃林，每年春天，桃花一大片
一大片。远看像是白色的山石，匍匐在山脊，走近你会被这漫山遍野的
花海震撼，这是一片遗世独立的幽谷。往林子更深处走，脚下的落叶枯
枝发出清脆的折断声。寒冷使我的脚掌麻木，丧失了任何感觉。

此时我宁愿自己是一头羔羊，钻进枯草和落叶里，俯卧在地，保留仅存
的体温。很快，我意识开始模糊，一不留神，绊了一跤。我触摸到了几
件破烂的衣裳，迷迷糊糊中，将其卷在身上，并用树叶树枝把自己掩埋，
在止不住的颤抖中睡着了。

那天晚上，我做了一个梦，山桃林的花全开了。我仿佛置身桃花源中：
"土地平旷，屋舍俨然，有良田美池桑竹之属。阡陌交通，鸡犬相闻。
其中往来种作，男女衣着，悉如外人。黄发垂髫，并怡然自乐。"这时
一个蓬头垢面、衣衫褴褛的人来到我面前，说自己是查拉图斯特拉。他
手一挥，大地摇晃着，持续了几秒后，眼前的一切美景突然就毁灭了。

他说："我们的时代还没有到来，有的人死后方生。凡具有生命者，都在不断地超越自己。是时候下山了，去外面的世界，诗意地栖居。"

当我醒来，天还没有亮。我穿好捡到的破烂衣服，打着赤脚一路小跑回到所里。门卫室里灯还亮着，警卫睡着了，没有人看到我。我换了一身衣服，装了一些有用的证件和钱，背上包就离开了，顺手把破衣物扔在草丛里。我坐上最早的一班 S2 线，在北京北站买了一张到赤峰的票。

此后，我就开始在外面流浪。

大约过了三个月，已是春暖花开的日子，我回了一趟家。我家在一个叫桃峪沟的山村里，村子里没有几户人家，人们都往镇上和县里搬了，但我父母还在那里。我回到家，他们都很惊讶，原来他们以为我死了。我这三个月都没有跟他们联系，单位也找了我好长时间，后来有人在水库边发现了我的衣物，又在水库里打捞。

他们还真的打捞出一具尸体，已经面目难辨，就当作是我了。所里赔了我父母三十万，对乡下人来说，这可不是一笔小数目，他们给我哥哥在市里买房付了首付。

我的出现似乎让他们感到尴尬，妈妈问我肺结核怎么样了。我突然意识到自己好久没有咳嗽了，应该是那晚从水库里爬起来的事了。我偷偷去做了一个检查，完全没有肺结核的迹象，痊愈了。

我到底是应该感到幸运，还是感到悲哀？

我已经不需要考虑这些了，我成了一个被世俗社会遗忘的人。我再次告别父母，继续踏上了冒险的旅程，像查拉图斯特拉一样。

听完他的故事，我半信半疑。

他说："不管真假，重要的是我在路上。在这里，而不是在那个研究所里。"

第二天，当我起床，他的背包已经不在了，床上凌乱的被子表明昨晚那里确实睡了一个人。

我拉开窗帘，发现外面的雨也停了，出了太阳。

正好，我想去东湖边转转。

何桥札记

归宿。小城虽小，世俗俱全。角落和阴影，造就此城无边。这是我写的一首诗的几句话，就像现在的诗歌，已经许多年没有看到大气厚重的好诗了。我想象自己日后的归宿，在一个小城镇里，有自己的房，有自己的书桌，有一扇窗朝着马路，坐在窗前能看见路上的行人和汽车来来往往，晚上能看见昏黄的路灯，下面影子凌乱。

1

零点，和塞壬网上聊天。说起往年过年回家的情景：坐在乡下老屋子里，烤着炉火看书，和长辈们谈心，我俩都是一副怀念十足的陶醉表情。今天湖北下起大雪，武汉、黄石、武穴都被茫茫白雪覆盖。我想到冷、潮，在北方待久了，冬天离不了暖气。塞壬在东莞，却埋怨着热，说想念长江边上干净凛冽的寒。

2

寒风凛冽，星月惨淡。

外公打着手电，走在前面，带着表哥、弟弟和我去老屋子里看房。褥子铺在木床上，下面垫着层层柔软的干稻草，四个人抻一张被子就睡觉。外公很快就进入状态，打起了呼噜，弟弟和表哥挤在中间，呼吸均匀。我侧躺在左边床沿，盖着一半身子，整夜都在拉棉被，冷。

3

年初三，外婆把大家叫起来，说家里牛下崽了。我们穿好衣服拥出去，小牛歪倒在地上，母牛温柔地舔着它身上的涎。

外公抱来一捆干稻草喂牛，告诉我们小牛的蹄子要修剪后才能站起来。表弟一高兴，伸手就想摸小牛，母牛突然后腿一弹，一下子就把他踢到两米远外趴下了。外婆抢过去搂着他哄，大家哈哈大笑，表弟却要哭了。

4

人民文学出版社，1978 年 10 月第 7 次印刷，楚图南译惠特曼著《草叶集选》，定价 1.00 元。

这是我第二次把它从图书馆里借出来，灰绿色的封面，纸页泛黄，还有那繁体字，热情奔放的长句，总让我爱不释手，有一种据为己有的冲动。我多想对图书馆管理员说，我把书弄丢了，我愿意赔偿。然后她会告诉我，4~6倍的赔偿，接着她看了看书价，叫我交5块钱。

5

或许是冰雪融化，雨水滴在帆布上，像一阵阵的脚步声。
寒夜里，就这样，一个个带刀的蒙面人从我的窗前走过。

我心有余而力不足，摸着一本文化遗老的书，仿佛摸到了旧屋前老梅树粗粝的枝干，鼻子里尽是一股股隐士的清香。

6

一儿是我表妹，却一直由我妈妈带着，这点和我的经历有点相似。我一出生就被送到乡下山旮旯里，由"奶奶"带着。直到两岁多，爸妈来接我，我不肯跟他们走，哭着闹着，甚至用指甲划破了妈妈的脸……我想一儿长大，也会像我，被这段儿时经历模糊的记忆所缠绕。

如童话里，十六年后，再变成一个美丽、多愁善感的姑娘。

7

我的生日因为是在过年里，所以基本上是不过的。现在又长大了，更没有那个兴致。记得小时候，妈妈说，人生一粒蛋，狗生一碗饭，过生日，她就会给我和弟弟一人煎两个鸡蛋。蛋糕我只吃过别人的，也不会准备礼物。

不同现在，好像不是我生活的时代，那些家庭或有男女朋友的，总是需要关心或记挂着他人，况且现在我也不喜欢吃鸡蛋了。

8

如果一个人内向忧郁，那就把他跟一个两三岁的孩子放在一起。表妹每天早上六七点就起床，咯咯地笑，过来掀我被子，要我陪她玩。她已经会说话了，但大多我还是听不懂的。妈妈教她唱《到底人间欢乐多》，舅妈也让她背了好几首唐诗。

我伴她玩，假装听懂了她的语言，和她逗乐，挤出难看的笑脸……我不能把沉默、愣头愣脑的毛病传染给她。

9

在《梦的解析》上贴着透明胶布保护封面是我最大的失误，它就像一张牛皮癣，我再也不能把它撕下来，那样会把竖版繁体字和岁月的颜色给撕去。

应该就让它这样破着，或者用裱纸补好，现代丑陋的东西贴在七十年代的旧书上总让我感觉格格不入。

10

今年下了十六年来最大的一场雪，我从北方回来，冻得不行。武汉的老同学饶凡告诉我他穿了两双袜子，我也就见人学样，原来还可以这样。

回到家，妈妈拿出新做的棉鞋给我穿，烧粒炭烤火取暖。

十六年前，我和阿凡提都还小，刚上小学，还穿着虎皮棉袄，我们打雪仗、滚雪球、堆雪人，寒假里围在烤炉旁，妈妈教我们怎么在炉子上烤粑（年糕）。

11

冬天睡觉，爸爸喜欢把大衣盖在脚部的被子上，小时候我没怎么在意。而且他还总爱对我和弟弟说，大虎儿小虎儿，过来给我暖暖脚。我们当然不乐意，抿嘴偷笑，他那双臭脚，还脱皮，只有妈妈才和他一起睡。

今年冬天，我也学着把大衣盖在脚上，暖暖和和的，却想念女人和我自小同床而睡的兄弟，只是伤感。

12

我曾写过一首《洗澡》的七言"绝句"，自认为有点"云在青天水在瓶"的禅意，可是别人却表示"不理解"。毕竟，现在很少有人用那种铁箍扎的炉子了。即使在乡下，由于现代化的普及，它也快绝种了。

煤球是爸爸妈妈自己和的，用枯枝草叶杉树球引火。

秋高气爽的时候，我们就背着箩袋去山里捡，叽叽喳喳的欢笑声荡漾在空山里，还有农户的狗汪汪地叫……

13

曾有人开玩笑说我只适合在山林里生活，我知道她的意思是说我不善于
与人打交道。我自己也时常担心，像我这样，进入了社会还能够处理好
各种人际关系、社会因素吗？
我倒不觉得自己自卑，可总是有那么点不自信。还有点孤僻，有人说叫
自闭，总之是精神问题，睡觉习惯蒙着头，想过去和未来。

14

倒一杯白开水暖手，靠在沙发上看董桥的《旧时月色》，地板上反射着
日光灯的冷色。水龙头一滴一滴地漏着水（这样水表不计数），仿佛能
看见一圈一圈的水纹。屋外的寒气像幽灵一样，白雪被踩成了黑色，城
市里没有冬梅的幽香。
我已久未出门。

15

夜雪照江山，
西风踏无痕。

一枝陌名花，鲜红，在雪后的院子角落里含苞待放，羞涩静谧，仕女凤儿从画中走过来，浅浅地甜笑，仿佛黄昏天边的霞晕。

16

"酒好喝正是因为它难喝"，这是电影《伤城》里的一句话。

我喜欢吃苦瓜，正是因为它很苦，如果做得不苦，我不喜欢，如果佐加点豆豉效果会更好，苦涩入口，细嚼慢咽，调动口腔所有的细胞，分泌出津液，进胃后还能感觉到味精的鲜美和油绿的充盈。

17

白雪化了，绿色的假草皮露了出来，阳光照在阳台上，微风吹过，空房子显得格外寂寥。操场上，孩子们欢快地跑着，足球射进球门。

远处，南岸山峰显出轮廓，阳光耀眼，枯树是写意的水墨，人如虫蚁。这么多事物，动与静如此和谐，配合得天衣无缝，写什么都感觉是画蛇添足，此时你应该用心去审视。

18

梦已久不做，以至于有些许怀念。

半夜醒来，只觉得脚掌有人在吹冷气，迷迷糊糊地睡着，她又离去。回忆过往的梦境，大多像冒险，有的令人兴奋、刺激，有的令人紧张、出汗。美女已久未入梦，以至于有些许怀念。

《梦的解析》还在发黄，尘封的故事隐隐作祟，不知道何时它就会跑出来。

19

一切都是不清楚的，隔一层玻璃。

山也不露出其真面目，雾气朦胧。

模棱两可的男人走着走着，就没了，背影融化在风雪中。

老僧入定，花开花落。

一切都是不明不白的，何必强求结果。

爱、情也藏得严严实实，相顾无言。

书签的小楷，满是札记。

一字一句流出潺潺音响，像远古的歌谣。

20

单放机，磁带，粤语歌曲。

后来我才知道 Beyond 乐队，后来我才知道摇滚。以及颓废、苏童和王小波，阳萎、手淫，《麦田里的守望者》和《百年孤独》。

没有朋友，美女，时而阴郁的狂躁、暴力倾向和自我欺骗。

行走，在漆黑的胡同里，神龛、佛像、氤氲，和长江大坝上，微风、杨树林、情侣，思想。成绩单，武侠，似懂非懂的文字，彩票，天真和不切实际的梦想。

脱离，个人。青春期的少年，花季雨季的字眼。
《梦的解析》里说，梦是愿望的达成。

蜕变，也只是为了适应，从一开始，我们就身不由己而且毫无意识地陷入了那场改造中。一年一年，一天一天，我们都在改变，仅留下来这些回忆的画面，"为赋新词强说愁"。

偶像，80后，自以为是，逐渐显露出叛逆的欲望。荷尔蒙分泌，骨骼成形，尖锐，坐卧不定，飘去外面的世界闯荡、逍遥。

爱与欲充满阳光，也有月色，或者江南水乡的烟雨朦胧、山雀子鸣叫。暗恋是情窦初开的男生的甜蜜和惆怅，少女的长发、浅笑总在心头荡漾。

21

四望新庙，我家旁边也有一条小河，但是容不下船行。河边有座山，我们叫它乌龟山，有龟头，也有背脊，还有一条尾巴平缓向下，一个小村庄坐落在那里。春天，三四月里，站在乌龟背上，你可以看见下面大片大片的油菜地，黄灿灿的，在阳光下闪闪耀眼。

小路上，有农夫扛着锄头，牵着牛，一派和谐的田园景象。那时，微风吹过来，轻拂脸颊，甚至从裤管里吹进去，从衣领里吹进去，像情人的肌肤一样温柔。

22

桃花，我不再写了，古人今人都写过很多，我家后院的两棵桃树我也写过诗了。我只是忍不住地想它，一到这个季节，它开花，然后结果，我知道，中间肯定要下几场雨，那是春雨。

长江边上的雨跟北方的雨是不同的，跟江南煽情的雨也是不同的。它要打落许多桃花，但终究是有幸存下来的，到了六一儿童节左右它就要结出桃子来。我们自己吃不完，妈妈就摘下来送给四邻六舍的孩子们吃，我也叫小伙伴们去后院桃树下尽情地吃。

桃树种在自家的池塘边上，后来隔壁来了一家豆腐店，放出来的水进入池塘，把鱼都给毒死了。

后来，妈妈叫人把池塘填了，种起了蔬菜；后来，老屋子卖给了收破烂的四舅，桃树砍了，后院堆满了破铜烂铁。

23

说到桃树，就要说说橘子树，还有李树。

它们都是妈妈种的，那时候，家里很困难，妈妈很少给我们零花钱，但是一到果实成熟的季节，我们就有口福了。吃桃子、西红柿，还有菜瓜，有几年还种了玉米、甘蔗。李树没结过几次果实，或许是因为它种在粪池的边上，但是那一年，李子特别甜，长得果肉都裂开了。

"十一"以后，就有橘子吃了，青涩的橘子我们就吃，酸得直哆嗦。橘子见黄了，压得树枝都低垂了，我们就坐在猪圈的墙上边摘边吃，橘皮顺手扔进猪圈食槽里，猪也吃得津津有味，流着长长的涎。

24

花，我写过它。栀子花，很容易栽的，我天天对着它刷牙，把刷牙水吐
在根部，它还一直活着。

对面的女人折了一根枝桠过去，插在她家后院就能长起来。雨季，我忘
了是几月，它开花，妈妈就摘了放在水杯子里，或者带在衣服扣子上，
倒不是很香，只是清香，或许是因为它白的缘故。
我以前不知道栀子花怎么写，就像你经常看见身边很多花，但你不知道
它们叫什么名字，后来听何炅的歌，才知道这么写，栀子，很好玩很好
看的一个名字，像个小女孩，也像清秀的村姑。

25

以前，这里都是大片大片的稻田，农忙的时候，金黄金黄的一片。现在，
稻田没了，都盖起了楼房。

乡下，都是单门独院的，一条河从我家旁边流过，以前是用来灌溉庄稼

的。暑季，另一个镇的水库就要放水下来给农民用。这时，水面涨高了，有时候会淹没一个人，孩子们都很兴奋，因为他们可以下水洗澡玩水了，甚至周边的孩子都来了。这么多人在水中躁动，把泥沙都搅了出来，水黄了，像牛滚过似的，爸爸看着，说，牛洗澡。

还有人放屁，嘟的一声，我们知道，这时水就要进肚子了，所以他们都学会把屁股翘出水面。

河里有许多小鱼，有时我们就拿着簸箕或者直接用手去水草里捞鱼，不会担心有蛇，即使有也是没有毒的。以前一个小伙伴就被蛇在脚上咬了一个小齿印，但不会比狗咬得厉害。五六月份的时候还有龙虾，站在岸上都能看见，小学生初中生们放学就拿着一根线系在棍子上，线的另一头栓着蚯蚓，放在水里，看见龙虾钳夹住蚯蚓就往上提。

镇里的餐馆一块钱一斤收龙虾，孩子们就提着一桶一桶的龙虾去换钱买糖吃。

26

我就是在那条小河里学会游泳的，但后来我们不在小河里玩了，因为它不够深了，于是我们就去村子里找水塘。饶文科村有两个水塘，夏天傍晚，村里的农民干完活就去池塘里洗澡，洗干净身上的尘灰和疲惫，然后回家再用井水冲洗干净，换上衣服和家人邻居聊天。一个玩得好的伙伴就是那个村的，他带我们去玩过，后来就经常去那里洗澡，当然这都是瞒着家里人的，他们是不允许我们随便去深塘里玩水的。

不过后来还是让妈妈知道了，她拿着又粗又长的竹竿去赶我们起来，怕我们淹死在水里。在那里，我学会了踩水和潜水，能在水里憋气一分钟，从池塘这头游到对面，还有仰泳，常用的就是狗刨式。

池塘是人家包了养鱼的，有时候游着游着，有鱼飞起来，也有鱼擦着身子飞快地梭过。池塘的一角，浅水区种着荷藕，我们从对面游过去，荷叶杆的刺扎人，荷花却开得很少，我只记得开过一朵，白色的，因为下面多是烂泥，我们不敢过去，就随便拔起一根荷叶杆，看下面有没有发育的藕。

27

我和朋友走着走着，谈到荷花与莲花的区别，后来我们一致认为荷花与莲花是不一样的品种。因为我们都是南方人，来到北方四年了，居然没有见到过荷花。

荷花，对我来说首先应该是水塘里的（我常想这种水塘里肯定有乌龟或者王八），有着大大的可以当帽子戴的叶子，而且它还有长长的茎杆，高的我见过有比人高的，人在里面，就像被绿色的海浪盖着，我和小朋友们还去那种池塘里捉过迷藏，掐一根荷杆举着，就像电视里皇帝的大遮阳伞。

至于莲花，我们听说过睡莲、天山雪莲、蓝莲花，于是我们想象它应该是匍匐在水面或者雪山上，你只会看到它的花而忘了它的叶子，或许是绿的，或许是白的。而我们的荷花，应该是大片大片的荷叶中一朵，两朵……零落地开放在伸手不可及的地方。（后来她给我打电话说荷花和莲花应该是一样的。她是北方人，我想她应该去南方看看。）

28

春天一下雨，竹笋就冒出来了。

后山有一片橘子园，周围长着荆棘、灌木和野竹林。假日里，我们就去山下走走，钻进杂草灌木丛里。

野竹子都很瘦长，和荆棘长一起构成一道坚固的栅栏。我们伸着小手进去掰竹笋，拿着小刀锯竹竿，竹鞭也很好玩，甩起来呜呜响，像是划破虚空，抽在树上、草上，干脆利落。采了几把竹笋，剥开皮，露出白嫩的茎条，妈妈花几分钟就可以做出一道鲜美的菜肴。如果是家竹，也就是我们所说的竹林，它们一般长在大山里，竹笋也是特别特别的大，能够长到一人高，比人的大腿还粗。

小学的时候，和同学去山里偷竹笋，穿梭在草丛枝林里，沾湿了裤脚，粘一身毛毛絮絮，鼻子里尽是绿色草叶的味道。如果看到守林人牵着大土狗，背着土铳吆喝着，我们就撒腿跑，一溜儿烟的工夫就不见了。

29

过年到乡下三姨家拜年，她知道我能喝点酒，就叫三叔去大队里打酒，有点"故人具鸡黍"的感觉。

白色液体喝进肚子里，尝不出是米谷还是高粱酿的，但只有纯净的甘甜，没有常喝白酒的烈劲，甚至少了点白酒的味道，度数不高，三十度左右，两杯下肚，也有三两吧，居然一点儿醉意都没有，而且还有再喝的冲动，要在平时我早就受不了那些剑南春五粮液了。

我猜，古时候或者武侠书里大侠喝的酒就是这种吧，含着文化和思想，妙不可言。

30

城市里吹着热风，全身汗津津的，我怀念乡下的夏天。

自然风，城里的风却带着城市的秽气，晚上睡觉还能闻到从纸厂、药厂飘来的恶臭。

乡下的风是从山里吹来的，它吹过田野和稻穗，带着田园的香气，一阵一阵的清凉。傍晚的时候，我们就跳进屋前的河里，划水嬉戏，激起点点水花。

晚上，我们搬铺盖到楼顶乘凉，看满天的星斗，这是城里绝没有的景象，牛郎织女，还有两个孩子都能看清楚，或者勾画北斗七星，更小的时候听妈妈讲故事，长大了，我构想着给我的孩子在这种画面下讲故事的情景。

31

去山上捡柴是我们小时候最大的快乐，秋天放假的时候，妈妈就发动我们兄弟姐妹去村子后面的山上，这时我们就能像解放了的动物自由地玩耍。有时候我们还叫上附近的小伙伴们，他们也非常高兴加入回归自然的队列中。

我们不喜欢拣草地上的干草干柴，喜欢用竹篙打杉树球，或者用钩子钩枯死的树枝，有时候能看到硕大的马蜂窝，我们就打赌谁敢用棍子捅，只是秋天的马蜂都不知道飞去哪儿了，我们一次也没有被成群的马蜂追或蜇过的经历。

山里有些许的人家，都用灌木和野竹围着，仿佛隔世田园。

32

夏天，想念天津的暑假。在小区里买大饼就着煮花生或者炸果仁，还有螺蛳，虽然有点干，但我们都吃得津津有味。

一到傍晚，小区里就涌出许多卖吃的、卖菜的小摊，生菜一块钱一大袋，能让你吃个饱。还有烧鸡和鸡排，但都太贵了，偶尔吃吃而已，实在馋得不行就买几块钱的解解馋。

市场上人来人往，各种各样的人你都能见到，像一幅《浮世绘》，绝对值得大写特写。旁边有一个挂红灯的足疗铺，躺着几个妖艳的女人，但由于太老了不怎么引人注目，几个大汉牵着狼狗在门前喝酒。

有时我们去吃麻辣烫，就坐在路边，弓着腰呼啦地吃起来，一定要加很多辣子，那样才过瘾。吃完了饭，买一个西瓜和其他水果，夜色降临打烊时，东西都卖得特别便宜，一个西瓜只要三块钱，随便挑，西红柿也是，一块钱就能买很多，回到学校，我们敞开怀尽情吃喝。

这样的岁月已经远去了。

33

归宿。

小城虽小，世俗俱全。

角落和阴影，造就此城无边。

这是我写的一首诗的几句话，就像现在的诗歌，已经许多年没有看到大气厚重的好诗了。

我想象自己日后的归宿，在一个小城镇里，有自己的房，有自己的书桌，有一扇窗朝着马路，坐在窗前能看见路上的行人和汽车来来往往，晚上能看见昏黄的路灯，下面影子凌乱。

我有一个同学，他说自己特别羡慕他们村里的人，傍晚吃饱了饭，反剪着双手沿着村子每家每户悠闲地散步，所以他毕业不留天津也不去北京。他家里有钱，但他宁愿回到他们的小城市，住进父母给他买的房子，准备大学毕业两年内结婚生孩子，请我们去喝喜酒（注：2009 年 4 月 22

日他结婚了，但我没去）。

34

这几天一直在下雨，给炎热的夏天带来了久违的清凉。湖北的夏天热得不行，这场雨让我想起 1998 年的大雨。

我家不在长江边上，但市里的同学跟我说过 1998 年的时候，江水差一米就要淹上江堤了。如果你是长江边上的人，你就能想象这是一个什么情景，江堤里面的房子都被淹了，我同学家在高层楼上，过来就要划小木船。

我那时候在乡下，靠着一条小河，那年大水也漫了上来，屋后一大片池塘都淹了，一条条大鱼跳起了龙门跃，爸爸抢起锄头就砸。开始我们还搬土泥巴堆在门前防止雨水漫进屋子，但水势越来越大，妈妈只得让我们搬东西上楼，一直到水淹进房子半米深。

许多老鼠和蛇都在脚边游来游去，但它们已经没有工夫咬人了，马路上有人撒网捕鱼，也有胆大的青年骑着车子想飞驰而过。

当时我才 12 岁，身处险境却不知道危险之所在，还有一种想游泳的冲动。

下午，雨水开始往下退，我在水沟里摸了好几条鱼，草鱼、鲤鱼还有鲫鱼，晚上都被妈妈做成了菜。

35

这种日子晚上不吹风扇是受不了的。昨天半夜醒来，风扇还在孜孜不倦地转着，我开始思考。

我想起小时候在乡下，和爸爸妈妈睡在竹床上，妈妈拿着蒲扇给我们兄弟姐妹几个扇风。我迷迷糊糊地睡着了，一感到热，就说"扇呀"，妈妈就举起扇子在我身上扇着，我又继续进入梦乡。

多么温馨的画面。

我又想到暑假在外婆的村子里，太阳落山，天色阴下来了，一个大队的人都把自家的竹床搬到村前鱼塘边上，那里有一大块平地，晚上村民就拖儿带女的睡在水塘边。鱼塘是我们孩子洗澡的地方，晚上是我们听故事的时候，外婆总有一些故事给我们唠叨，虽然有的已经听了无数遍，大人们也在一起聊着他们的故事。

现在基本上没有人在外面睡觉了，空调吹得我风湿了。

36

晚上我朝江堤那边望去，星星和灯光闪闪，一会儿就有一两个人走过。

我对妈妈说："去江堤上乘凉不错呀，一张竹床一张蚊帐。"妈妈笑着说："只有妥子才睡那儿。"妥子是方言，是傻子、流浪汉的意思。每年我在江堤上散步就见到这样的人，夏天，他们就一丝不挂的，有的就捡一块脏布挡在私处，在江堤上走来走去，找东西吃或者乞讨。
妈妈告诉我，冬天一个妥子把江边的所有的破衣服都捡到江堤上的亭子里，堆在一个角落里，晚上就睡在那里保暖。后来，听说有人把那堆破衣服一把火给烧了，因为它们会发出一阵阵恶臭。

至于那个妥子，我后来没见到过，估计在去年的雪灾中冻死了。

37

新闻报道今年（2008 年）四川地震一位幸存者被俄罗斯救援队救出来时，说道："狗日的地震真厉害，一下子把我震到外国去了。"

我准备讲讲发生在我身边的故事，2007 年江西九江也发生了地震，因为我们就在九江对面，所以当时也有震感。这时我妈妈在房子后面烧水，她感觉房子晃得厉害，看到楼下有一辆载物大卡车正在倒车，就破口大骂司机不长眼，开车也不看着，把房子都撞得摇晃，足足骂了一分钟。司机和下面的人都呆了，也不知道是遇到地震吓呆了，还是被一个"泼妇"给骂呆了。其实这也不能怪我妈妈，我们这儿，从来没有遇到过地震，大车把房子撞得晃荡也是匪夷所思的事情。

后来我妈妈看到对面楼房里的人往外跑，才知道发生地震了。

38

关于柯三毛儿子的事情我觉得可以讲一讲。

柯三毛是我三姨的三弟，也是初中的语文老师，我读初中的时候，他儿子五六岁。这件事是我一个同学讲给我听的，他是事发当事人。

一天，他带着这个小孩在三楼高的教师宿舍楼顶上玩闹，一不小心将孩子从楼顶上碰下去了。当时我这位同学吓傻了，等他反应过来下楼看时，小孩子居然没事，自己站了起来摇摇晃晃地走了。下面是硬土路，一点儿都不松软，没有留下屁股印。

这件事至今也没能有人解释，可我并不想说这些，我想说的是后话。今年过年，我在三姨家，柯三毛儿子也在，我一点儿也没认出来。当年从三楼楼顶上摔下来的孩子如今已经变成了一个帅气的大小伙子，人可长真快呀，我向他证实了这件事，他还考上了黄冈高中。

看着他就像看到四年前的我，而我似乎已经老了。

39

傍晚我站在阳台上看着对面江西的群山，突然呼吸到江水和泥沙的味道，这勾起我想去江边看看的冲动。

此时正是一年最热的时候，市里的人一等太阳落山就往江边溜达。在净水站旁，有许多父母看着在江里洗澡的孩子们，有的孩子套着救生圈，有的大一点的就没带，自由自在，尖声叫喊，好不快乐。

其实我也一直想在长江里游泳，但看到一群孩子，我这么大的男子跟他们一块也挺不好意思的。我小时候住在乡下，就像他们，暑假一天没事干，就等着傍晚跳到河里洗澡。小河被我们搅得像牛在里面洗过澡，有时候在水里玩着玩着，就有一条蛇挨着大腿滑过，人群就大声地尖叫。搬到市里上高中后，我再也没有去河里游过泳了。

40

《生命不能承受之轻》里说：凡认为人类历史在五号星球上变得不那么血腥的为乐观主义者，凡不这么认为的则为悲观主义者。

我的第一感觉即为后者，这说明我是一个悲观主义者。
一会儿，我想到世外桃源，为什么五号星球不可能是一个世外桃源呢？
我这样想，开始怀疑自己是不是乐观主义者。

可我还是错了，世外桃源也是悲观主义者的产物。就像我写的何桥村，它只是一个记忆深处的世外桃源。

城 / 市 / 里 / 的 / 流 / 放 / 者

城市里的流放者

印象中，桃花开后
总有小雨
今年也不例外
花开与花落
都只是在一夜之间
而后的阳光，青绿的草叶
掩藏着一只破罐
盛满清水

你离开了南京

我们坐在游船上，慢慢划向湖心。开始她还有点紧张，摇摇晃晃，紧紧抓着船沿，好一会儿才放松下来，不好意思地冲我笑了笑。那一刻她的笑容，我一辈子也不会忘记，在温和的阳光下，击中我的心脏，击穿长空，令颐和园中的美景全部黯然失色。

1

去年秋天，我的朋友要离开南京，走之前她买了五只阳澄湖大闸蟹，让我过去吃。

下班之后，我提着两盒寿司，坐地铁到云锦路。我站在电梯上，看见她在地铁口冲我招手，身材单薄小巧，穿着连衣短裙，披一件牛仔衣。我从下往上看，她的腿就显得修长苗条，也许是穿着高跟鞋的原因。

电梯把我缓缓送到她面前，她的笑容越来越灿烂，我忍不住想给她一个拥抱。

她带着我在居民区的小巷子里穿插，脚步轻快，像一头小鹿。

天色已经暗了下来，我紧紧跟着，生怕一不注意她就会丢失。走到福园街上，马路两旁是各种小饭馆和商店，灯光也亮了起来，充满了人间烟火的气息。

她说："我们买半只烤鸭吧。"我说："好。"跟着她进了茶南菜市场。她又说："买瓶红酒吧。"我说："好。"任由她挑了一瓶，或许以后再也没有机会了。

我左手提着寿司，右手是烤鸭，她抱着红酒在前面，带我到了福园小区。她住在四楼，和另一个女孩合租。进去后，合租女孩跟我打了个招呼，就把房门关上了。我们把手上的东西放下，进入厨房，准备蒸大闸蟹。

大闸蟹是捆好的，装在袋子里，吐着泡沫，奄奄一息。我把它们拿出来，放进洗菜池子里，按下水龙头冲洗，它们就像久旱逢甘霖的庄稼一样扭动起来。

我拨弄着大闸蟹，她在一旁看着，一言不发。我们沉默着，像秋天一样暗自神伤。

突然她轻叫一声，一只螃蟹挣扎开绳子，横行乱爬。我小时候抓过螃蟹，只需捏住壳子就不会被夹到，所以很顺利地抓起了它。可我从来没绑过大闸蟹，折腾十几分钟，笨拙地绑住了几只螃蟹脚和一只钳子。也管不了那么多，一股脑儿全塞进电饭煲的蒸格里，下面已经加了水。插上电，开始还能听见螃蟹的抓刮声，慢慢就停了。

我看见她禁不住打了一个激灵。

我们在房间里等着，我摊开寿司和烤鸭，她倒出了红酒。先碰了一下，抿一口。她夹起了一块烤鸭肉，我往嘴里塞进一块寿司，相视一笑。她早就告诉我了，已经接到两个面试通知，明天早上就要坐飞机去北京。

祝福的话我也讲了，离别的话我不想再多言。我便笑着说："以后再也吃不到南京烤鸭了。"她听懂了，也笑着说："是呀，还有咸水鸭。"我们又碰了一下杯。

等时间差不多了，我们一起走进厨房，揭开锅盖，香气扑鼻而来。

我一个个拿出来，放在盘子里。她敲了敲同屋姑娘的门，问她要不要一起吃。"不用了，你们俩好好吃吧。"

她脱了鞋盘着腿坐在床上，像个调皮的小姑娘，把螃蟹的爪子和钳子都掐断，放在一边。她让我等会儿吃爪钳，说凉了容易吃，又教我把螃蟹肚子上的盖子去掉，揭开蟹背，就可以看见蟹黄。吃掉蟹黄，开始吃蟹肉，她告诉我螃蟹身体内哪些可以吃，哪些不能吃。

我看着她，学着吃，不时碰一下酒杯，头脑晕晕乎乎的。

吃完一只，我将第二只的爪子和钳子掐断放在一边，照她教我的方法又吃完了第二只。她比我先吃完，看着我吃，问我："你会去北京看我吗？"我低着头，说："不知道。"没有更多的话语。她将最后一只大闸蟹的背盖打开，递给我，说："你吃吧，我吃饱了。"我说："我也饱了。"她看着我，没有放下手，停顿了有三秒，我避开她的眼神，拿了过来。

她先拿起螃蟹的爪子，蘸了蘸醋，掰断，然后一挤，就把里面的肉挤出来了。她边吃边说："五只螃蟹四十条腿，十条钳子。"蟹钳的肉也很多，她一丝不苟地吃着，不想浪费一爪一钳，仿佛是赴死前的最后一餐。

我吃完最后一只螃蟹，也跟着她吃起来，仿佛明天不会存在，仿佛人类就此灭亡。四十条腿、十条钳子是我们最后的联系，从此天各一方。

红酒分完了，倒进了杯子。烤鸭大部分被她吃了，我很吃惊一个身材这么娇小的女孩居然能吃这么多食物，美酒也大部分流进了她的肚子，她的双眼已经有些迷离，莫测地看着我。

我真希望最后一丁点儿酒永远也喝不完，我们就这样对视着，希望时间永远停止流动。

最后，我接到了女朋友的电话，她问我在哪儿，我说在朋友家，一会儿就回去。我对她说："我该走了，明天不能送你……"她从床上跳下来，说："我送你去地铁站。"我要拒绝，但她已经披上外套，穿好鞋，这让我无法拒绝。

一路无言，秋风吹着有些凉，几片树叶晃晃悠悠地飘落在地上。她抱了抱身子，我不知是该搂着她，还是应该把身上的衣服脱下来给她披上。

一直走到地铁口，站住了，我说："回去吧，小心着凉了。"她扭头往一边看去，我知道她哭了，语调哽咽地说："那边就是南京大屠杀纪念馆，我还没去过。"

2

第二年夏天，我来到北京。给她发信息，她马上打过来电话，高兴地说要请我吃饭。

她在五道口上班，住在北京语言大学附近，约好中午在日昌餐馆见面。我好不容易找到地方，她正在楼下等我。她头发剪短了，穿一件宽松的衣服，看起来比去年更加消瘦单薄，面色似乎有些疲倦，但依然给我露出了一个灿烂的笑容。
她成熟了，身上隐隐有一层冷霜，一个拥抱也不能使之融化。

我跟着她上了楼，进了餐厅，里面人满了。走到最后面，一张桌子前坐着一个男生，正在点菜。她坐在男生旁边，我坐在对面。男生看了看我，她对我说："我男朋友。"

我说："你好。"他也说："你好，看看想吃什么。"说着把菜单递给我。我有点口干舌燥，就说想喝啤酒。她说："那就来两瓶吧。"她男朋友刚想说话，她打断道："没事儿，我就喝一杯，你陪他喝点。"

她给自己倒满后，就把啤酒瓶递给男朋友。她端起酒杯，说敬我，要和我碰一下。我看看她，又和她男朋友碰了一下，一口气全喝了下去。我有很多话要说，但只是问了问她的生活和工作近况，中间仿佛隔了一道无形的墙。

她男朋友话不多，安静地听我们聊着，时不时地往她碗里夹菜，这让我感到宽心。

喝完啤酒，快吃完饭，我说要去上个厕所，她男朋友跟我一块去了。洗手的时候，男生突然对我说："你知道她生病了吗？鼻窦肿瘤。"我大为震惊，惊讶地叫了一声："啊，癌症！她没跟我说呀？"

"春天刚查出来的，幸亏发现得早，是良性的，"男生说，"去年冬天北京的空气很不好，雾霾太严重了，我们准备去深圳。"

我告诉他，我以前在深圳待过，那里的空气真的要比内地好多了，是一个疗养身体的好地方。回到饭桌，我们并没有谈论她的病情，气氛有些沉默地结束了这顿饭。

从餐厅出来，男生说下午还要上班，得赶回公司，他就在中关村上班。她说："我请了一下午假，可以陪你转转。"男生没说什么，叮嘱她不要太累了，不要被风吹着凉了。

初夏的天气，微风拂面，清爽而怡然。树木郁郁葱葱，天空蔚蓝，没有一丝杂质，根本不是我想象中的北京，比燠热的南京要美好得多。

她提议："我们去颐和园吧。"我说："好，正有此意。"我曾推荐过她看那部电影。

进了公园，人不多，三三两两，悠闲地散步、观光。我和她走在湖心堤道上，似曾相识的感觉，我们仿佛是走在玄武湖景区。她说："真后悔没在玄武湖划过船。"

"走，我们去划船，"我说，"说不定以后就没机会了。"

她奇怪地看了看我，我意识到自己说错话了。只得说："我知道你们要去深圳了，你男朋友吃饭的时候告诉我了。"
她眼眶红了，有些湿润，低声说："没事的，没事的。"倒像是在安慰我。

我们坐在游船上，慢慢划向湖心。开始她还有点紧张，摇摇晃晃，紧紧抓着船沿，好一会儿才放松下来，不好意思地冲我笑了笑。

那一刻她的笑容，我一辈子也不会忘记，在温和的阳光下，击中我的心脏，击穿长空，令颐和园中的美景全部黯然失色。

"小船儿轻轻飘荡在水中，迎面吹来了凉爽的风……我问你亲爱的伙伴，谁给我们安排下幸福的生活……"她轻轻地哼着，我安静地听她唱。船儿放任在湖心随波摇晃，她伏在我的腿上，不知睡着还是醒着，我把外套披在她身上。太阳缓缓西下，湖面上波光粼粼，夜幕就要拉下。我拍了拍她的肩膀，说："走吧。"

她一个人住在一套一居室，男朋友住在另一处。屋子里干净整洁，一张大床，一个沙发，地上铺着绒垫子，放着一张电脑桌，可以坐在地上。她给我倒了一杯酸梅汤，切了一块哈密瓜，坐下来看着我吃，隔着一张桌子。

"晚上我们可以做饭。"她说。

"不用了，我一会儿就走，客户请客。"我说了假话，不知道再说什么了。

夕阳透过窗户射进来，照在墙上一张风景画上，我认出那是南京的紫金山，山下有大牌坊，长长的台阶通向中山陵，黛青的山林里隐藏着故事。

"你知道吗，我还是个处女，我不想在这个城市发生爱情。"

我的思绪回到了福园60号，在幽暗的房间里，我们中间像隔了一道鸿沟，无法逾越，电脑里放着顾长卫的电影《立春》。

私 奔

后来，我还收到他从阳朔寄来的明信片，是女画家画的。他们在阳朔租了一个门面，卖一些纪念品和挂饰，卖自己的画，设计明信片，写上诗人的诗。他寄给我的是一张二十元人民币上的漓江风景画，青山绿水，比纸钱上的好看多了。我在心里默默祝福他们，愿有情人终成眷属，愿你们在尘世获得幸福！

我在南京有个做房地产广告的朋友，也是个诗人。十月底的一天，他来找我，是一个工作日的下午，他请了半天假。

我们在水杉林里坐了会儿，他说对现在这个工作感到恶心得要命，无法忍受，每天干活的时候都极度懈怠。想辞职，但又无事可做，没钱折腾。
我劝他坚持几个月，过年后再考虑换工作的事，很多公司在年底都不招人。

我建议去紫金山上走走，这位朋友来到南京一年多，居然连中山陵和明孝陵都没去过。他说平时工作太忙，每天晚上都要加班到十点，周日就是待在家里休息，看书，其他什么事都不想干。

我们从下马坊上去，阳光正好，树影斑驳。这是使人安逸的秋天，树叶将落未落，一些东西悄悄失去，一些东西在慢慢到来。

朋友说，房地产行业虽然工资高，但是以舍弃享受生活的代价换取的。房地产广告又毫无创新，到处抄袭，中不中西不西，不伦不类。老板虽然看重他，希望他能将文化和关怀融进公司，寻找文学和商业的平衡。可现实告诉他，这只不过是一厢情愿。对于开发商来说，广告公司只是小小的乙方，胳膊拧不过大腿，一切都得按甲方的要求来做。熬夜加班放弃周末的休息，只是为了满足开发商的只言片语，心血来潮。而更让他有负罪感的竟然是高房价和各地的强拆事件，他觉得自己成了房地产商的帮凶，这让他感到十分痛苦。

进入明孝陵，走上神道，路两旁依次是石狮、獬豸、骆驼、石象、麒麟、石马，朋友一个个爬上去坐了会儿。他笑着说："如果我离开了南京，就只有这些石兽和你说话了。"我看到紫霞湖里舒展身体的老伯，心里痒痒的，迫不及待脱了衣服要下水。

朋友见我穿着秋裤，就取笑我太难看。他们公司的总监、经理每天都西装革履，一年到头没见过重样的，秋裤这么没品味的衣服根本不屑于穿。我呛声道："我自己穿得舒服，管别人怎么看。"朋友沉思了会儿，说："对，我太在意别人的看法，过得越来越虚伪。"
天色渐暗，我穿上衣服，洗去一身尘埃，便洗去了一身俗世气息，顿觉通透惬意。我们从内红门进入明楼，后面就是埋葬朱元璋和马皇后的宝顶。"粪土当年万户侯"，只剩下我等顽劣在此逍遥畅游。

朋友不知哪里来的豪气，突然脱光了衣服，绕着城楼跑起来。赤脚踩在冰凉的城砖上，就像踩在热情的火花上，边跑边叫，满腔的郁愤顿时发泄出来。我受他鼓舞，不禁想起魏晋士人裸身行散的情景，也跟着裸奔呼叫起来……

我们的过去已被定格，我们的将来不可预见，只有赤裸的身体与自然融为一体。我们都不是虚伪的人，敢于为了追求自由和理想而摒弃世俗的成见。

下山之后，我们找了一家小饭馆吃饭，喝了点酒，朋友的话匣子才打开。原来他喜欢上一个画画的女生，在武汉一个商标注册公司上班。两家公司在业务上有合作，两人性情上也颇气味相投。一个诗人做广告策划，一个画家做商标设计，都有工作上的苦闷，再加上天真的理想，美好的希望，不免惺惺相惜，互生爱意。

话说那位画家，不仅要做设计，还负责催客户交设计费，几百块钱拖一年半载，甚至还有赖着不给的，着实让她头痛。而我这位诗人朋友，经常要面对这样尴尬的局面——"你不是诗人吗，来几句！"最后无非被"高端住宅""CBD""坐拥繁华"等等取代。

十一月，我的朋友终于辞职了。

我去他的住所搬走了两箱书，暂时寄存在我这儿。他给我看了女画家为他画的肖像，画中的他眼神忧郁，脸色苍白，钢笔在留白处题了清秀的字：

一切交往都是初逢，

一切爱情都在心里。

他也给我写了一首诗，名叫"紫金山上的月亮"，里面有这样几句：

银杏树叶落了一地

下马坊饮马槽的水也干了

哀莫大于在飘零

与蒸发之间

他笑着说要去桂林，或许是阳朔，就让我们相忘于江湖吧。

后来，我还收到他从阳朔寄来的明信片，是女画家画的。他们在阳朔租了一个门面，卖一些纪念品和挂饰，卖自己的画，设计明信片，写上诗人的诗。他寄给我的是一张二十元人民币上的漓江风景画，青山绿水，比纸钱上的好看多了。

我在心里默默祝福他们，愿有情人终成眷属，愿你们在尘世获得幸福！

扔石子的少年

后面的事情是大海告诉我的：小红被送到医院，脑袋上缝了五针。医生告诉小红的妈妈，缝口的一小块可能以后就不长头发了，不过女孩子长头发可以盖住，问题不是很大。可是小红妈妈气急败坏，大声责备大海妈妈没有教育好孩子。她最后还吓唬大海："如果小红变傻了，或者有什么三长两短，等你长大十八岁，警察就要抓你去坐牢！"

大海短信告诉我，他要结婚了。
虽然小学初中的同学也有结婚的，但读大学出来，刚毕业就结婚，他是第一个。

我先道了一声"恭喜"，然后问他新娘是谁。他说是小红，又特意强调了下，就是小镇一条街上的小红。

我当然知道小红，她和我跟大海都是小学同学，初中她和大海一个班。以前我家跟大海家在一条街的对面，经常串门、一起玩耍，所以关系非常要好。我经常听他提起小红，也大致猜出来他对小红有好感，但一直没有听说过他们确定恋爱关系和他们的爱情故事。
我忙问他："你们什么时候在一起的？竟然连我都不告诉。"

那边停顿了一会儿，发来一条消息："你还记得小学三年级的暑假，一次在我家楼顶上我们比赛扔石子吗，看谁扔得远？"

我一时想不起来，他又发来一条："后来我砸到小红，你就跑了。"这一说，我就记起来了。

当时我和大海在他家平房楼顶上往不远处的河里扔石子，不过不是比赛谁扔得远，而是比谁扔的石子砸出的水花大。开始我们在一边扔，水花随着"咕叽"一声就溅起来，两个人兴奋地大叫着，争论谁的水花大，乐此不疲。我们甚至讨论起当时奥运会里的跳水比赛，又比赛了会儿谁的水花小。

河边有个女人在洗衣服，在搓衣板上来来回回地搓，并用棒槌捶衣服，清脆的声音回荡着。一会儿，一个小女孩提着一个红色的桶子过来，正是小红，她提着一桶衣服给她妈妈洗。她来到妈妈身边，并没有立即走，而是蹲在妈妈身边，也学着搓衣服，笨拙的样子滑稽好笑。
我和大海偷偷地商量往小红身边的水里扔石子，溅起的水花肯定能吓她一大跳。

我先扔，因为没有估算好，石子扔到河对岸了。小红和她妈妈都没有发觉。轮到大海，他抡起肩膀，比画着，瞄准小红身边不远处的位置，最好保证水花能溅她一身，吓她一大跳。可惜"时运不济"，石子并没有掉进河里，而是不偏不倚地砸到了小红的头上。

估计砸开了花。

只听见小红一声惨叫，大海吓得呆若木鸡，瞪着眼睛说不出话来。我当时下意识地一缩脖子，赶紧蹲了下来，以免被发现。

这时耳边马上传来一个女人的大声吼叫："是哪个龟儿的乱扔石头……你给我下来！"很显然，呆若木鸡的大海被发现了，我也吓坏了，顾不了那么多，脚底抹油地开溜了。

后面的事情是大海告诉我的：小红被送到医院，脑袋上缝了五针。医生告诉小红的妈妈，缝口的一小块可能以后就不长头发了，不过女孩子长头发可以盖住，问题不是很大。可是小红妈妈气急败坏，大声责备大海妈妈没有教育好孩子。

她最后还吓唬大海："如果小红变傻了，或者有什么三长两短，等你长大十八岁，警察就要抓你去坐牢！"

大海可被这句话吓坏了，可以说此后好多年他都活在这个阴影里，但当时他并没有告诉我。

那时候我们都在同一个小学一个年级一个班上，大海注意了小红一段时间，生怕她变傻了，自己要被抓去坐牢。甚至小红的作业他都帮她做，因为他怕小红做错了题，老师说她傻。

"你知道六年级的时候吗，小红身体发育了，胸部开始微微隆起。我可担心了，我怀疑她是不是因为被我砸中了脑袋，身体发生了变化，胸部长了肿块。

"我去问她，身体有没有不舒服，胸口痛不痛，我指了指她单薄的衣服凸起的一点。她自己都不知道发生了什么，回去问她妈妈，她妈妈说我是流氓。我又忐忑了好些天。

"上了初一，我和她坐同桌。有次课堂上，我正在认真地听课，她突然使劲抓我大腿，指甲都要扎进肉里了，我忍着疼痛没敢大叫起来。转头一看，发现她表情痛苦，一手捂着肚子，一手死死抓着我的大腿。
"我问她怎么了，她摇摇头咬着牙不说话，强忍着。下课后她跑去老师那里请假，一天都没有再来。我看到她座椅上留下一点红色的斑迹，在我眼中慢慢放大，就像小学三年级的暑假，我在医院里看到她头上留下的鲜血，差点让我晕倒。

"好在那时我们已经开始学习生理卫生知识，我知道了那不是被石子砸中的后遗症。我躲着把课本里的那一节细细研究了一番，晚上辗转反侧，眼前尽是小红的影子。

"或许我是从那时开始喜欢她的，但那块血斑，那流淌的鲜血，以及'十八岁坐牢'的恐吓在我脑中留下了更加深刻的印象。课本里没有告诉我们爱情是什么，但爱情就像暗夜土壤里的种子，默默地发芽了。

"到了初二，就开始有小男生给小红写情书。我看到她连信封都没有拆开，甚至信封上的署名都不看，直接扔掉或者撕碎，这让我心里暗暗窃喜。

"一次，她把一个男生送的情书递给我，说：'以后有人送情书过来，你直接扔掉就行了。'

"我当然不会直接扔掉，我都是看完后撕碎再扔掉的。送情书里面的，有成绩非常好的男生，这让我很惊讶，但他们写的内容真的不怎么样，表达起来正经又严肃；也有差生不知从哪里抄来的情诗和绵绵的情话，让人觉得不伦不类，故作成熟。我虽然觉得好笑，但读起来却是一种乐趣。有一次我问她：'你喜欢什么样的男生。'她高傲地说：'至少要考上重点高中吧。'于是我整个初三就为了考上重点高中而努力，整个生命和全部精力，都献给了这世上最壮丽、最激动人心的事业。

"功夫不负有心人，小红和我最后都考上了市里的重点高中，不过我们没有在同一个班上。小红在高中照样有很多男生追她，不过她再也没有给我看过那些情书，我们又为了考上重点大学而浪费了青春。

"直到一天晚上下自习，我看到她坐上一个男生的自行车后座回家，心里醋意大发。我连续跟踪了他们好几个晚上，她坐在后座位上，扶着男生的腰，时而传来欢声笑语，让我非常难受。那个男生就是陈××。"

大海问我记得吗，我想起来，是一个很优秀的男生。
"他后来考上了电子科技大学，听说现在在华为上班。"我说。

"嗯，可你想象不出来发生了什么。那天晚上，我照样跟着他们，到了一个下坡的胡同口。他骑着自行车飞快地把小红带进了黑暗的胡同里，我紧张地跟了进去。那里基本上没人住，是一个待拆迁的胡同。我跟进去，听见小红嘤嘤哭泣，以及挣扎反抗的声音。我看见陈xx捂着小红的嘴，把她压到墙角，一只手要脱她的裤子。

"我快步踏上去，一把将他们拉开，给了陈××一个大嘴巴子，将小红拉到身后，留下一句'禽兽'就带着小红离开了。

"我问她是不是脑子有问题，为什么要和这样的男生交往，可她就知道哭。我把她抱在怀里，抚摸着她的头发。我发现她头上有一块果真没有长头发，露出一块青白的头皮，周围的发根清澈，要是不拨开，很难发现。
"我又想起了小学三年的暑假，我把石子扔出一个弧线，砸在她的脑袋上……我向她说起这件往事，她说差点忘了。我说：'你脑子是不是那次被砸坏了？'

"她终于破涕为笑，说：'你要对我负责。'

"我们没有告发那个男生的行为,男生也没有再骚扰她。后来的每天晚上都是我送她回家。

"她对我说:'我们考同一所大学吧。'

"我以为到了十八岁,她没有三长两短,也没有变傻,只要我把她看护好、守护好,警察就不会抓我去坐牢。当时我甚至甜蜜地认为,爱情可以像童话一样天长地久。我成绩没有她好,她读理科,我只能去念文科。那时认为考不上好大学的才去读文科,当然也有我一直以来偏爱文学和历史的缘故。

"后来她考上了武大,而我为了离她近点,去了距离不到五十公里外的省内城市上学。大学第一年,我经常去看她,给她带点小礼物或者惊喜,然而她对我的反应越来越平淡。我们的关系出现了问题,可我不知道问题出在哪里,我觉得自己做得够好了。终于在暑假里,她提出了分手。十八岁我得到她,十九岁我失去她,我再也不用对她负责了。我们都成年了,该决定自己的人生了。她没有变傻,也没有任何三长两短,她不再需要我的看护了,她是一个自由人,有权利去追求自己的幸福。变傻的是我,我的心出现了裂痕。

"我听说她大二又谈了一个男朋友,他在北方的一所大学。以前她从没来过我的大学看我,但为了那个男生,频繁来往南方北方。或许她找到了真爱吧，那样我也会感到宽慰。自从和她分手后，我就没有谈过女朋友，我一直忘不了她。从小学三年级的暑假算起，2000 年的 8 月，我爱上她已经十年了，心里依然爱着她。

"第十二年的一天，她突然给我打电话，让我陪她去医院。我有一种不祥的预感，马上坐车去了她的城市。

"果然，她意外怀孕了。

"她看到我，泪流满面，我的心一下子软了下来。本来想问的话一句也说不出来，只有把她抱在怀里，抚摸着她的头发。那一块依然没有长出头发的疤痕像一个烙印烫在我的心里，鼻子一酸，我的眼泪也不争气地落下来了。

"我扶着她虚弱的身体回到宾馆，陪了她三天，为她冲药和营养补品。她一句话都不肯跟我说，我只是默默地看护了她三天，然后离开。

"过了很长一段时间，没有再联系。一个冬天我又接到她的电话，她告诉我，她在我的学校图书馆前。我直奔过去，又是相顾无言，她还像曾经的那个小姑娘，我知道她再次回到了我的身旁，便紧紧地搂住她颤抖的身体，轻轻拍她的后背。那时我们就决定以后要永远在一起，再也不分开。

"我经常觉得这十几年过得太快了，留下来的只有几个画面，一个石头砸下来，仿佛命中注定一样。"

这就是我未曾听他讲起过的爱情故事，两个在河边扔石子的少年终究要踏上各自的人生，要找到自己的另一半，自己的幸福和坎坷。

雾霾时期的爱情

两人收拾完毕，天色渐暗，直至彻底黑了。文静坐到床上，看着窗外，不远处的高楼在更加浓厚的雾霾中不见踪影，只有稀落的几扇窗户透出朦胧的灯光，像未来一样充满未知。

四月的一天，周六，雾霾，PM2.5 指数 287，严重污染。

李小军今天晚上就要离开北京了，在这样的天气下有种一去不复返的决绝和无奈。

他在这个城市漂了七年，就像和一个情人的七年之痒。

文静问他："你爱那个女人吗？"他说："不爱。"

"那你为什么要和她结婚？"

"哪里有没有爱情的婚姻，哪里就有不结婚的爱情。"他还是像以前一样，不表达自己的观点，只是引用别人的话。

五年前，也是这个时候，文静提着箱子就来到了北京。

一出火车站，天空雾蒙蒙、阴沉沉，拥挤的人群像蝼蚁一般，令人心生躁烦、压抑。她四处张望，一个戴口罩的男生正在招手，走到她面前，拉下口罩，叫了一声"文静"，正是李小军。

"好大的雾啊！"文静说道。五年前还没有"雾霾"这个词。
"不知道是雾还是空气污染，让人很难受，"他说，"我带你去找中介，已经谈好了，交了钱就可以住进去。"

那是大学毕业的第一年，文静从一个毫无生气的国有企业辞职。李小军是文静大学中文系的学长，在一家门户网站工作。他在学校就是一个优秀的学生，一直是文静的榜样。那时候他有女朋友，文静和他交流得很少。后来听说毕业分手了，聊的就渐渐多起来。

他对文静说，年轻人不应当将青春葬送在一沟死水之中，平平庸庸地过一辈子，"清风吹不起半点漪沦"。她对他抱有过幻想，内心却又要强。总觉得自己配不上他，发誓要混出点模样。

现在想想，这又算得了什么，幸福太过自然，不幸不过一念之差。
二手女房东不在家，住在另一间房。中介带他们看了看，把钥匙交到文静手上。

房子拥挤狭小，只有两个房间，正正方方的卫生间估计只有一平方米，墙上黑迹斑斑，墙皮多处剥落；客厅不如叫过道，摆放着一张破旧沙发，一台电冰箱和老式洗衣机；阳台就是厨房。月租一千二。

两人收拾完毕，天色渐暗，直至彻底黑了。

文静坐到床上，看着窗外，不远处的高楼在更加浓厚的雾霾中不见踪影，只有稀落的几扇窗户透出朦胧的灯光，像未来一样充满未知。

这时，两人听见有人开门的动静，是同屋的女人回来了，文静开了房间门迎接她。她看看了文静和李小军，冷冷地说了一句："这里不能留男人过夜。"然后就走进自己的房间，大声地关上了门。

同屋的女人叫周梦，文静喊她"周姐"，三十几岁，单身，在一个房地产广告公司做策划。第一次见面的气氛不是很好，有一天周梦的房间进了一只蟑螂，文静帮她打死并清理干净，在那之后，她慢慢接纳了文静。

周梦经常在房间里放一些安静的古典音乐。有一天晚上她突然敲文静的门，文静打开一看，她正端着一杯红酒站在门口，说："陪我喝点酒吧。"文静正好无事，便随口说好，跟着她进了房间。

周梦的房间要大很多，有一张大床，还有自己的沙发和茶几，一个摆满书的小书架子，窗户很大，光线也要明亮得多。窗台摆了几盆绿植，整个房间充满了优雅、惬意的气息。

她们各坐在沙发的一边，周梦给文静倒了半杯红酒，递给她。先碰了一下杯，周梦问文静找到工作没有。她说刚进入一个公关公司，做产品策划。"文案狗，和我一样，"她笑着说，"以后有你受的。"

文静问她在北京待了多久，她说大学就是在北京上的，快十五年了。她又略带伤感地说，在这个屋子里也住了有五年了。

她们沉默着，把玩着手里的酒杯，转来转去，思考着各自生存和生活的问题。红酒殷红，犹如玫瑰又如血液，仿佛暗含着命运的秘密。

"上回那个男孩子是你男朋友吗，"周梦问文静，"你们怎么不住到一起？"

文静耳根发热（早就因为酒的原因红了），马上解释："我们只是普通朋友关系。"

"哦，"周梦晃晃头，自酌了一小口，"他配不上你。"
文静有点讶异，不知该说什么。

不出三个月，果然如周梦所言"有你受的"，时常持续到半夜的加班加点让文静感到疲惫不已，却又令她体会到以前在国企不曾有过的充实。随着自己工作中的一些方案被采纳，她认识到自己在逐渐适应这种工作，她第一次去李小军的住处，就是加完班的深夜。
李小军也住在一处简陋的屋子里，房间甚至没有床，一张床垫直接铺在地上，一堆书也靠墙码在地上。

他们已经有两个月没见面了，文静需要从忙碌的工作中暂时解脱出来。
等李小军一关上门，她就主动扑上去，抱着他，热烈地接吻，踢掉鞋子，
脱下衣服，疯狂地折腾。日常积累的压抑与疲惫只有通过这种方式才得
以发泄出来。

李小军从背后搂着她，问她要不要做他的女朋友。文静挪了挪身子，简
陋的床垫弹簧硌到了她的髋骨，耳边突然又回荡起周姐的那句"他配不
上你"，于是淡淡地说："现在这样挺好的。"

她又说："明天早上八点叫我起床，上午要到公司做一个工作汇报。"
自从去过李小军家两次后，文静一想到摆在地上的床垫和凌乱的床单，
胡乱叠放的书籍，就再也兴奋不起来了。

她也想过让李小军买张新床，即使是钢架的也行。可她终究没有说出来，
买一张新床又能改变什么呢？如果他有意，应该主动去做这件事。
住在一起是不是会好一点儿？

"一个人可以拮据度日，但若是换作两个人，这样的生活只会让人心生
憎恨。"文静一直记得一部电影里面女主角说的话。
第二年，李小军换了工作，在一家图书出版公司做策划，工资虽有了提

高，但此时文静的收入远远超过了他。文静很少主动去找他了，一来因为她能力得到认可，工作忙了，独立带着一个小组负责项目；二来，她和总监含糊不清的关系使她逐渐淡漠了李小军。

她和总监发展起来也是因为某一天晚上的加班，他们一起在为第二天下午的项目汇报做准备，一直熬夜到凌晨三点。

弄完报告，她本来想在公司休息室睡一觉算了，总监却说一个女孩子不安全，坚持要送她回家，于是她就坐上了他的轿车。

总监甚至坚持送她上楼，可到了门口，她才发现钥匙不在包里。敲门，周梦不在家，她更不敢打电话了。

黑暗中，总监突然搂着她的腰，轻声在她耳边说："去我家吧。"那温热的气息一下子使她全身柔软，她羞赧地说："好。"

那天晚上她一直晕晕乎乎，云里雾里。直到第二天上午醒来，才发现自己置身于一处宽敞亮堂、品位不俗的套间里，正是总监的独身公寓。一刹那，她想起李小军的房间，凌乱、清寒，每次他们在地上亲热时，脚总会时不时踢到角落的书上，大煞风景。文静有些羞愧，为自己的行为感到不齿。可是她总是抵挡不住那种诱惑，一而再再而三地和总监发生关系。

有一次事后，她用总监的电脑上网，在宜家上看到一个松木床架，决定把它买下送给李小军。

她把木床送到李小军的楼底下，对李小军说："你该找个女朋友了。"说完就跑了。

文静问周梦为什么不离开北京。周梦灌了一口红酒，缓缓道："这里留下了太多的回忆。"

周梦说她结束上一段感情还是五年前，那时候她和男朋友住牡丹园，和另一个女孩子合租在一起。

她和那个男朋友是大学时就开始谈的，渐至到了谈婚论嫁的地步，却发现男朋友和住在一起的女孩子走得很近。终于有一天，两人被她抓了个现行。

"那天回来，看到你们，让我想起了从前，"周梦停顿了一下，"当时说话有点重，请你不要介意。"

"不会，不会。"文静连忙说。

"我有时候想在这个城市还能碰到他，让他看到我过得很好。"她叹道，"可这么多年过去了，人潮人海中再也没有见到他。"

李小军找了女朋友，文静是在离开总监后才知道的。

她和总监之间本来就是逢场作戏，各取所需。总监当然不是只把她一个姑娘带回家，但当他要离开公司去创业时，还是私底下问了文静要不要跟他一起走。她果断结束了这段关系。

再后来，她也规规矩矩地谈了一个男朋友。

偶尔，李小军会在网上问她过得怎么样，她只能说"挺好"，渐渐就断了联系。

北京的雾霾天越来越多，有人离开，也有人进来。

文静也想过自己为什么不离开，她有点怀念在国企工作的日子。虽然工资不高，但很清闲，平时有足够的时间去做自己喜欢的事。

那个城市空气也很好，像大学时的爱情一样纯真。她也会想起李小军，但从不主动联系他，毕竟双方都有了固定的伴侣。

文静依然保留着自己的房间，她一个星期总会在那里住上几天。有时候和周梦喝两杯，聊聊女人之间的秘密。

后来，周梦消失了，只留下了一张纸条。原来，她一直无法从前一段感情中走出来，去找前男友，前男友虽然已经结婚，但毫不犹豫地跟她私奔了。

每天，不管有没有雾霾，文静都习惯了戴着口罩上下班。她有各式各样的口罩，防尘防晒防雾霾。戴上口罩，就像有一个爱她的人体贴地捂着她的鼻子，穿过高楼和街道。

有时她去男友的家，或者男友来她的家，再也不用担心周梦在家的尴尬。她喜欢放肆地叫喊，喜欢赤身裸体在屋子里走动，无拘无束。

然而她总是在一些时刻想起李小军，想起他们第一次也是唯一一次在这间屋子里试图进入对方的内心，却被什么而打断。

在那条充满雾霾的路上，他们远远站着，李小军戴着口罩的面孔若隐若现，飘浮不定。

这天，她坐在地铁上。经过某一站，上来很多人，一个男的也戴着口罩，坐在她对面。忽然，她抬起头，发现了那双熟悉眼睛，两人相互凝视许久。他走到她面前，拉下口罩，叫了一声"文静"，正是李小军。

他们有两年多没见面了吧。
李小军告诉她，他早就和女朋友分手了，也辞职了，如今成了一个独立出版人。

他要回到他们上大学的城市，也是文静最初工作的地方。在那里，他有一个负责编辑和设计的合伙人。他们准备结婚了。

他要去赶火车，就要离开北京。下地铁时，文静没有送他，只是摆摆手，两人同时说："再见。"再也不相见。

文静出了地铁口，外面正下着大雨。雨线在窗外的路灯和广告牌霓虹灯灯光中犹如织起一张大网，网住了这个城市所有的人。

"四月是最残忍的季节。"李小军说。

文静想，明天要去玉渊潭公园看看，樱花该被打落一地了吧。

清湖之恋

那段经历是我人生中最幸福的一个时期，是我面对困难的坚强后盾，是我继续生活下去的动力和精神支柱。冬天的时候我写过这样一首诗：白色的茉莉，红色的月季／都只剩下两朵／屋子里也只剩下两个人／夜半相依听狗叫／听清湖的上弦月荡起波纹／两只迁徙南方的候鸟／余香衔接着梦境／冬天来了，他们就不再有秘密。

大学毕业后，我进了一家大型台资企业。

一块报到的有许多大学生，我们被安排成五人一组开始下车间实习。我和另外三个男生一个女生分在一组，相互介绍认识之后，要推举出一个组长。

我们不约而同地向那个长相比较成熟的同学看过去，他见我们有意推他，并不推辞，只是说："大家既然分到一起，就是缘分。我比你们都大，当组长义不容辞。"

我们都叫他斌哥，在后来的接触中，我才知道他比我要大三岁，高中毕业就出来打工，是后来参加高考，才上的大学。而他以前打工的地方就是现在这家公司，只不过不再是底层流水线上的作业员，而是有大学本科文凭的制造工程师。

他对生产线作业流程轻车熟路，对公司内部章程也是一清二楚，不仅带领我们进行工艺实操、生产改善，也会偷偷告知我们一些打混的小伎俩。比如手里拿着一个产品反复地检查，没事跑去喝水上厕所，说说话更容易打发时间等手段。

三个月的实习结束了，大家决定去搓一顿，庆祝脱离枯燥乏味的流水线作业。

我们要了一箱啤酒，连女生都端起了酒杯陪我们豪饮。在座的女孩子是重庆人，直爽干练，我们叫她娟姐，其实她比我们都小。今天她穿了一件黑色带花纹图案的连衣裙，无袖，胸口有些低，所以她时不时地拿手挡着。

我有点不好意思看她，斌哥却开玩笑说："脱了工装都认不出来了。"娟姐脸都红了。

娟姐坐在斌哥左侧，脸蛋儿红通通的，眼睛像两颗星星一样闪烁着，目光不时地落在斌哥脸上。我坐在斌哥右侧，她没有注意到我看着她。实习的时候，娟姐就跟斌哥走得很近，问这问那，像小妹妹崇拜大哥哥一样，两人偶尔开一些暧昧的玩笑，关系很微妙。

谁都看得出来中间的道道：娟姐爱慕斌哥。只是碍于女性天生的矜持，没有表示出来，而作为男生，我们都认为斌哥应该主动点。
但谁也没有捅开这层薄纱。

我们讲着生产线实习的事，以及将来要分到的部门，感慨离开了大学，成为一个社会职业人的身份转变。
自然，我们说起了大学的爱情故事。
毕业即分手，这是我们再普通不过的校园爱情。

一个男生后悔自己大学没有好好谈一场恋爱，另一个男生和她女朋友现在都在深圳，每周见一次，准备住到一起（当时我们住在集体宿舍）。
我们怂恿着让娟姐也讲讲她的事儿，她却嘻嘻笑着不肯说，直摆手让斌哥先讲。

斌哥端起一杯酒，说大家先喝一杯，他再讲。于是我们碰了碰杯，斌哥最后对着娟姐，点点头，举杯仰头，一饮而尽。

"我第一次高考没考上大学，就来深圳打工，当时就在流水线上当作业员。那时候真是年轻啊，刚开始也觉得很新鲜，因为有工资拿，精力旺盛啊，每天站十个小时都没有问题，每三个星期还要倒一次晚班，也逐渐习惯了。十八九岁的年纪，情窦初开，我喜欢上了生产线的女线长。
"女线长是个娇小的女生，做起事来却非常有魄力，指挥一二十号人井井有条、安排分工、处理故障、和别的分部门打交道等等，一切游刃有余，不比任何一个男线长差。从见面第一眼，我就对她产生好感，在她手下工作，我更加欣赏起她的性格和作风。每天看到她我就很开心，听到她的声音，我的心田里就仿佛洒下甘霖，工作干劲儿特别高，晚上甚至主动加班，只为和她多待一会儿。

"有一天她开玩笑似的问我：'张斌，你是不是喜欢我啊？'我一下子脸红到耳根，非常尴尬。她没等我表达出爱慕之情，接着说：'可我已经有男朋友了。'我听过后，一下感到无比伤心，但我不想放弃，我说只有我才是最爱她的，能给她更多的幸福。她笑了笑说：'拿什么？'我以为她是看不起我普通作业员的身份，就说：'我会努力工作，当上线长、组长、课长的。'

"她又噗嗤一笑，语调却有些落寞：'不说这个了，以后你会有更好的女孩子。'我决定公开向她的男朋友发出挑战，第二天就给她送了一朵玫瑰花，事情很快传到她男朋友耳中。当天晚上，下班出了厂房，我被几个男的拉到厂区一个偏僻的角落。带头的就是她男朋友，上来就给我一巴掌，还啐了我一脸，恶狠狠地说：'敢跟我抢女朋友，你算老几啊，给我打！'几个人不由分说地就朝我劈头盖脸地打起来，直到把我打趴在地上，依然用脚踢我踩我。

"等他们打够了，把我一个人扔在那里。很长时间，我才忍着全身的疼痛爬起来，一瘸一拐地摸回宿舍。我让同事帮我请了几天假。躺在床上，线长也没有给我打电话或发短信慰问一句。等我回到生产线，才知道，线长和男朋友回家结婚了。半个月之后，她才回来，已为人妻。依然是那么美丽，似乎更加成熟动人了。每天看到她，我都感到很痛苦，最后我要求调到物流组去，原先的组长似乎知道隐情，也没有为难我。

"半年后，线长回老家生产，再没回来，我也再没有见到她。不过我在这里的故事并没有结束，因为这次失恋，再加上在物流组比较闲，我接触到公司的内部刊物《宏桥》杂志，也学着写起了豆腐块，主要是诗歌和随笔，因为有稿费，渐渐就爱上了写作。那时，因为工作努力的缘故，我已经升为副组长了。第二年，物流组来一个大专生，一个学会计的女孩子，叫小丽，经理直接让她当组长，管着我。

"这个女孩子也是一个大大咧咧的人，虽然学历比我们都要高，但一点儿自以为是和优越感都没有，和我们一群男的打成一片，还经常教我怎么使用 Excel 和 PDM 软件。她的性格如此之好，让所有人都感到亲切和开心。从失恋阴影中走出来的我，仿佛沐浴在春天的阳光下，要重生，要发芽了。我在一首诗里写道：

马达声是马儿哒哒地驶过
在不分昼夜的王国
齿轮里开出桃花

我把这首诗投到内刊上，马上就发表出来了。

"一天，小丽拿着本《宏桥》杂志在看，突然大叫起来：'张斌，我看到你写的诗了！'我正坐在边上统计物料，被吓了一大跳，这实在让我觉得窘迫。可她是那样的没心没肺，让人不知道怎么办才好。她还把我以前发表的诗和散文找出来看，甚至让我把写作的本子给她，她说我是一个诗人。我完全沉浸在和她的二人世界里，幸福而自信。后来我就向她表白了，我说她就是我诗中的桃花，永不枯败。

"那一年年底，我们就同居了。租住在清湖的一栋房子里，她在阳台上养了月季和茉莉花，小屋子整洁而温馨，是我们甜蜜的家。每天一块上下班，晚上回来做饭炒菜，坐在床上看电影。那段经历是我人生中最幸福的一个时期，是我面对困难的坚强后盾，是我继续生活下去的动力和精神支柱。冬天的时候我写过这样一首诗：

白色的茉莉，红色的月季

都只剩下两朵

屋子里也只剩下两个人

夜半相依听狗叫

听清湖的上弦月荡起波纹

两只迁徙南方的候鸟

余香衔接着梦境

冬天来了，他们就不再有秘密

"我虽然是个副组长，但因为学历原因，工资并没有提高多少。一次，小丽偶然提起，建议我回去重新高考，读个大学出来，肯定比在工厂里当普工要强。

"为此我们还衡量利弊，以及对我们感情的影响，小丽说会在深圳等我。来年春天，我就辞职回家复习，准备参加高考，小丽一直在给我鼓励。

"因为有梦想和寄托，在付出了比常人更多的努力后，功夫不负有心人，我终于考上了省内一所本科大学，开始了我的大学生活。

"在大学里，我们之间的联系就只能通过网上聊天视频，发短信打电话。

"最初，我还憧憬着美好未来，想象毕业后在一起，离开那个军事化的大工厂，去过更好的生活。如此恬淡度日，以为这样能够细水长流。

"直到有一天，她告诉我，家里让她去相亲，催她结婚、生孩子。她在家人面前也说起过我，可他们根本就把我当作一个无足轻重的人，认为我还有几年才能毕业，而且一个普通本科毕业生将来也不一定能找到多好的工作，况且她要大我三岁，等不起。最终，他们胁迫她和一个同乡的男人定亲结婚了，还不让她和我联系。

"我通过以前的工友了解到，她确实结婚了，后来又生了孩子，但婚姻生活并不幸福。当那一年深圳工厂接连发生跳楼事件时，我的同事离职的离职，失联的失联，我再也打听不到她的消息了。

"但我无时无刻不想着她，终于我读完大学，要找工作了，毫不迟疑地就进了这家公司，我要找到她，诉说我长久的思念，我要和她长相厮守，保护她爱护她，给她幸福。"

斌哥说到此，停了下来，大家都沉默了。

娟姐低下了头，似乎要哭出来，轻声哽咽着。我也被他的故事感动。相信自己，曾经也有过美好的爱情，仅仅因为大学毕业，我们便分离了。
曾经的誓言和勇气呢？
我问他："那你来这三个月，找到她了吗？"
他说还没有，但相信能找到，语气坚定且满怀希望。

喝完酒，结了账，我们摇摇晃晃地往集体宿舍走去。
听说清湖以前有无数个小水泊，后来形成一个天然的大湖，湖深数丈，湖底有甘泉喷涌，不论暴雨连绵，或是干旱之年，总能保持湖水不涨不退，水清如镜，故名清湖。

夜色与灯火中，我听到什么地方传来琴声呜咽，抬起头，上弦月已经落到半西天，东边有几个星星在眨着眼，像是在对我说着什么。

西藏之行

二十四岁的时候，我辞去干了两年的工程师工作，立志弃工从文，但整整一年没有找到满意的工作，还花光了身上所有的积蓄。我时常感到恐惧，晚上睡不好觉，一想到自己这么大还一事无成就十分焦虑，因此经常抽烟饮酒，痛哭长啸。汪曾祺在那一年写道："今年二十五岁。一种荒唐继荒唐的年龄。"

过年在家翻看《三国演义》，读第一回，读到刘备出场"及刘焉发榜招军时，玄德年已二十八岁矣"时，心里颇有"同是天涯沦落人"的凄凉感。

初十就是我的生日，到了这天我就二十八周岁了。在我老家，人们喜欢用虚岁来计算年龄，所以我妈说："过几天你就二十九岁了吧，都三十了还打光棍。"

轻描淡写的一句，一下子将我拉进三十岁的门槛。
我不知道刘备的年龄是不是虚岁，那样，我就更加失败了。我妈不仅对我说，还问我爸："是二十九吧？"我爸"嘿嘿"不语。她和其他单元的老太太聊天，也会有意提到我的终身大事，问别人家有没有合适的姑娘，家庭情况如何。

我一般不愿意和她争论，我明白她的心思，她只想早点抱孙子。自从我谈了两次失败的恋爱之后，她就对我和女人交往不抱多大幻想，有点看我破罐子破摔的意思。

我和女朋友年前刚分手，她回上海老家去了，再也不会回来，把我一个人扔在偌大冷清的北京。我在出租屋的床上躺了一个星期，把工作也辞了，凄凄惨惨地打道回府。

回到家里，老妈告诉我，她收到一个快递，里面是一个戒指，还明知故问："被甩了？"看在是我老妈的分上，只给了她一个"懒得解释"的眼神和一声冷笑。

不一会儿，我姐也来到家里，我以为她是来安慰我的。她却问道："戒指上是钻石吗，多少克拉？"我不耐烦地说："玻璃。也有可能是橡胶，是我们在路边摊花十五块钱买的。"她拿在手上，又是掂量又是端详，最后说："你不要了吧，给我吧。"说完就戴在自己的左手无名指上，自言自语道："老张结婚都没有给我买。"

我姐夫老张，在一旁颇为委屈："你想要，我明天就给你买个几克拉的。"我姐白了他一眼："你知道一克拉多少钱吗？"

我还真去查了一下，一克拉要好几万，甚至十几万，我一年的工资都不够。她倒没有要我去买真的钻戒，可是她要我跟她去上海，结婚、买房、生孩子。当然我们的问题并不止这些，她妈妈对我意见很大，我的工作、家境、身高都不入她的法眼，甚至说我们八字不合，合的是三个火，没有金。虽然她在当面没有表现出来，但背后我不知道她在女儿耳边吹了什么风。

我的挽留已经不起作用了，她要嫁给一个公务员，而不是一个文艺工作者。

我想起自己策划过的一本书《公务员是怎样炼成的》，这本书让我恶心，书名俗套，封面上还有一个大大的问号，看起来就像一个手铐，一条鱼钩，一根拙劣的拐杖，低级可笑。可它卖得很好，鬼知道这个世道怎么了。

老板还给了我两万块钱奖励，如果这类书多做几本，就可以买个一克拉的钻戒了。

一个人到了二十八岁还要去经历失恋，真没必要再多愁善感了。
又不是离婚。
这么多人因为失恋而死去活来，他们是不是染上了斯德哥尔摩综合征？
在昆德拉的眼中，不过是"媚俗"，因为大多数人都如此，是一种不经大脑思考的条件反射，试图用自我感动的方式来赋予自身存在感。

二十四岁的时候，我辞去干了两年的工程师工作，立志弃工从文，但整整一年没有找到满意的工作，还花光了身上所有的积蓄。

我时常感到恐惧，晚上睡不好觉，一想到自己这么大还一事无成就十分焦虑，因此经常抽烟饮酒，痛哭长啸。汪曾祺在那一年写道："今年二十五岁。一种荒唐继荒唐的年龄。"

如今再回望那段经历，一个年轻人非要拖着一副老年人的身躯，步履蹒跚，踉踉跄跄，不知路在何方，是多么的可悲。

是谁规定年轻人就不能平庸，非要活出名堂，做出成绩？
那么，三十岁的人又该如何，四十岁的人呢？三十而立，四十不惑，都他妈扯蛋，统统堕入了媚俗的圈套。

回到北京，我计划先换一个房子，再找工作。后来我决定干脆不要工作，把房子退了，去外面的世界看看。在北京待了这么多年，越发感觉这个城市的繁华跟我一毛钱关系都没有。我有两个朋友，做了六七年的出版，今年他们都准备撤了。一个要去天津，一个回杭州，在外面的世界拼得头破血流，最后渴望得到的竟还是那份生活的稳定。
我或许也会回到故乡，但在回去之前，要找个清净的地方待一段时间。

工作了这么久，从来没有好好休息过，好好反思这虚妄的人生，是时候做出改变了。

我知道终南山有许多隐士，但现在却被众多修行体验班包场了。有人告诉我九江庐山上有许多农家院，可以长住，我就去查了一下。山上是一个小镇，名字叫牯岭镇，这让我想起《牯岭街少年杀人事件》，我很喜欢的一部电影。

就是它了，我立马买了一张北京西到九江的火车票，Z67，晚上八点零六分发车。

匆匆收拾了几件行李，跟室友交代会有人来取走我的东西。吃了晚饭，提前两个小时挤进滚滚的下班人潮中。到火车站，我一掏口袋，发现手机被人偷了，这着实让我恼火，真是开局不利。我站在取票队伍里，心里咒骂着小偷，隐居的心情也被破坏了。

我敲了敲站在我前面一个短发女生的肩膀，问她能不能把手机借我用一下。她一转头，长得极像林青霞，我怔了一下。
我告诉她，我手机被偷了，想联系一下朋友。她没有迟疑就把手机借给了我。
说完还给她，说了声谢谢。她随口问我去哪儿。我说去庐山。她说去年去过，不好玩，飞流直下三千尺的瀑布连三米都没有。我说准备去住半年。她马上劝我不要去，说上面已经完全商业化了，一点儿也不像在山里。

中国早就没有隐士居住的山水了，住在哪里都是现实。

我问她去哪儿，她说去青海和西藏。我看着她的侧脸，像电影里不羁的女主角。心里打定主意，问她："我可以和你一起去吗？"她爽朗直接地说："好啊！"

就这样，我把 Z67 的火车票退了，换成一张 T27 到西宁的票，时间刚好是晚上八点。

到这里，我要把故事结束了。类似的偶遇和搭讪在各种文章、电视、电影中见得太多，去西藏洗涤心灵的话也让人听得生厌。

在二十八岁，我辞职离开北京，准备去庐山长住，因为一个女孩子，改变了行程，去了一趟青海湖，又看了布达拉宫，这就是我人生中一段闪亮的日子。

艺术家老王

直到有一天，爸爸给我看一本杂志，《广济文学》，他告诉我上面有他的诗和一些素描。以前我只见过他画建筑工程图，没看到过别的"画作"，那次倒让我大开眼界了。他给杂志里很多文章作了插图，一看就知道是用铅笔画的，朴素干净，是爸爸的风格。多年后我看到哈尔滨医生韦尔乔的画作时，想起了当年的爸爸，都是一些简单的线条和涂墨，但都透露出一种艺术家的气质。以至于我现在都为爸爸感到惋惜，因为他没有坚持走他的艺术道路。

1

我现在上班的地方在昌平郊区一个基地，三面环山，天气好的时候山石草木看得一清二楚。

蓝天白云下群山一下子变得低矮，房屋村落更显渺小，人就成了一粒微尘，在偌大的北京漂浮不定。
我有一个同事，北京人，身材高大魁梧，下巴留着浓密乌黑的胡子。刚来的时候，觉得好玩，按说在这种单位，如此有"艺术"气息的装扮会显得格格不入。
我说他长得像宋冬野，他问我，宋冬野是谁？

我有点惊讶，说，就是唱《董小姐》的宋冬野啊。他说不知道。我说，你应该去当个艺术家。他顿了顿，装腔作势说，我们不就是艺术家吗？周围的人听了，都哈哈大笑。仔细一想，谁说不是呢，我们是搞先进装备的艺术家。我自己也禁不住笑了笑。

恰巧我最近在看汪曾祺的文章，有一篇标题就叫"艺术家"，写的是村子里有一个哑巴，会在墙上画画……于是我想起了我爸爸，老王。

老王不是艺术家，却有过一段艺术家生涯。那是一段隐蔽的生活状态，除了我，谁也不知道。我妈妈不知道，姐姐也不知道，甚至我爸爸他自己都忘了。

2001 年，我读初三，爸爸所在的政府单位裁员，爸爸就这样被突然裁掉了。
当时，他在城镇建设办公室工作，已经 49 岁了。这件事对我们家庭是一个重大的打击，妈妈之前因为生育二胎，也就是我，被开除了公职，本来是副镇长，却不得已在家开了一个小杂货店。
而爸爸则被留党察看五年，最后通过找关系，总算保住了一份公职工作，从原来供销社书记的职位调到一个屁大的的部门——城建办。

爸爸当时的工作就是每天坐在办公室看《人民日报》《湖北日报》和《黄冈日报》，跷着二郎腿喝茶。

镇上有建设，他就反剪着双手在一旁指挥工人挖沟渠、修路、栽树，大旱引水，大水防洪，为人民服务，兢兢业业，是一个老实巴交的公务员。能保住这个轻松的工作，是因为爸爸年轻时自学了土木工程，考了一个成人大专文凭。

他会画建筑工程图纸，我小学的教学楼就是他设计的。那时他待在办公室，足不出户，每天拿着铅笔、板尺和橡皮在图纸上绘图。那种蓝色的图纸，各种尺子，大的小的，塑胶的，木板的，还有一块正方形的大平板。绘图室里那种神圣的气息让我无比着迷，我曾经发誓长大以后也要去学土木。

图纸一张又一张，有成形的，还有废弃的，杂乱地摆放在工作室里。爸爸就像一个专心钻研的科学家，构思、建造他那伟大的蓝图。

几天下来，留着深深的黑眼圈，胡子也没剃，一直到大功告成，像悟出天道、修炼成功的大师，一脸喜悦地出关，仿佛阴雨之后的天终于放晴。现在他没有了工作，坐在家里帮妈妈看店，手上燃起的烟一根接着一根。

有时妈妈叫他去送货，他一撇头，把烟扔在地上，使劲踩踩，粗声粗气地喊道："小波，送一箱酒去财政局。"小波就是我，我能说什么，只得踩着三轮车去送货。妈妈向他唠叨，我上高中的学费怎么办，他一言不发，反剪着双手出门去了。

再后来，爸爸就干脆不待在家里，扛着鱼竿去钓鱼，去很远的水库或者鱼塘。早出晚归，回来就杀鱼，在门口弄，鱼肠、鱼鳃还有各种鱼杂被鸡啄得到处都是，血水四处流淌。

但至少每天都有鱼吃，妈妈也懒得说他了。

快开学了，有一天妈妈把我叫到一边，让我偷偷跟踪一下爸爸，看他出去究竟干了什么。

我远远地跟在爸爸后面，走在乡间的小路上，风和日丽，能听见溪水的流动声，鸟语花香，让人惬意。

爸爸像是放出笼子的鸟儿，脚步轻快，哼着曲子，根本没有觉察到我在后面，他左转右拐，终于到了一个鱼塘边上。他把折叠椅展开，放在地上，从包里拿出鱼饵鱼引网兜，戴上草帽，伸长鱼竿，坐好就开始钓鱼，眼睛专注地盯着浮标。

我趴在附近的草地上，看着他反复地提起鱼竿，检查鱼饵，或者把鱼从鱼钩上卸下来，装进网兜。没有任何异样。

太阳暖洋洋地照在身上，使人发困，我不由得就睡着了。等一觉醒来，翻身一看，发现爸爸不见了。鱼竿架在地上，水面时而泛起一阵涟漪，天地空旷。我有些恐慌，赶紧爬了起来，去找老王。

我四处看了看，发现鱼塘岸边有一个小屋子，由红砖简陋地砌成，应该是看守鱼塘的人住的。于是我佝着身子，小跑着，鬼鬼祟祟地摸近，从窗户角往里看。

这一看，差点把我心脏吓得跳了出来。屋子里面有一张破旧的木床，铺着破旧的被单，一个赤身裸体的女人斜坐在床上，一只手撑在枕头上，另外一只手放在两大腿间，弓着小腿，像是刚刚起来，看着屋子里的前方。

女人的年纪在四十岁左右，身材健硕，皮肤白得刺眼，使整个房子也明亮了起来。乳房丰满，微微地下垂，小肚子有点凸起，肚脐却显得非常好看。我第一次见到成熟女人的裸体，视觉冲击让我眩晕不已，心脏跳动得不行，耳根子发热，呼吸沉重，但又不敢大声出气。

我看到爸爸坐在床的对面，面前架着一个板子，板子上铺了一张白纸，他拿着以前做工程图的中华 2B 铅笔在上面画着什么，我在侧面无法看清。

爸爸时而看看床上的女人，时而在板上作图，专心致志，那神情又回到了他以前设计教学楼时的状态。我着实被女人的身体吸引了，睁大着双眼观看，那起伏的曲线使我着迷。然而爸爸丝毫不为所动，完全沉浸在他自己的绘图世界里，精心建造着一具优美、浑然天成的肉体。

很难想象一个普通的农妇居然有如此耀眼的身体，在破旧的屋子里大放光彩，又被我爸爸画进了图纸里。那宁静庄严的气息深深刺进了我的心脏，使我莫名的震撼。

突然，床上的女人一扭头，微微一笑，笑容如一朵莲花开放，一下子让我的心融化了。我担心被她看见，悄悄缩回头，靠在墙根脚下，慢慢让颤动的身体恢复平静。

最后我又悄悄地退回爸爸钓鱼的地方，发现鱼线上的浮标被拉动着，于是顺手将它甩起，一条二十公分长的鲤鱼被我钓上岸，我将它从鱼钩上弄下来，扔进水里的网兜。又把鱼竿放回原来的位置，把手上的黏物擦了擦，沿着来时的路回家。

我没有告诉妈妈我看到的情景，我爱我爸爸，他是一个严肃的建筑设计师，也是一个内心追求着美好事物的艺术家。
我去市里上高中后，爸爸也在城里找到了工作，一个建筑公司的监理，经常和开发、承包商吃饭喝酒，打牌玩乐。

2

刚来北京，我就去找以前在南京认识的朋友玩，他叫上了另外几个写诗的好友。我们坐在咖啡厅里喝拿铁、摩卡、卡布奇诺，我第一次喝这玩意儿，不敢贸然动口，得看他们怎么喝才学着抿一口，否则会被笑话土得掉渣、乡巴佬。

他们在谈论最近阅读的书籍，接着转到高更和一些别的画家身上，然后是电影、音乐，最后说起了几个诗人的复杂情史和圈子里的混乱。比如某大学教授，以修改作品的名义，和女学生上了床；某刊物编辑，一夜情后二十年，一个女人带着孩子来相认；某诗坛大佬同时与多名女性保持不正当关系……

各种"八卦绯闻"令我匪夷所思，啧啧称奇。

朋友嫌弃地看我一眼，那眼神好像在说"真没见过世面"。最后他们一致总结：我写诗这么多年，根本没有进入圈子。我不得不频频点头。有人提议去五道营胡同，那里有酒吧，可以看现场音乐。我们一人拿了一瓶啤酒，走在雍和宫的围墙下，颇有魏晋士人行散的风范。突然一阵狂风撩起来，泡沫纸屑到处飞舞，像是在被一群怪兽驱赶，树枝呼呼地摇摆，人被推着往前走，同行的一个女诗人，头上青丝在风里乱舞，于是她只好不停地捋着。

不一会儿，大雨倾盆而下，我们来不及找个地方躲雨，身上的衣服马上打湿贴在了皮肤上。

终于到了五道营，找个馆子坐下。大家的衣服都湿透了，我卷着裤脚，和摸鱼归来一样。

我们又每人叫了一瓶啤酒，台上乐队一个换一个轮番登场，时而温柔，时而暴躁，男人甩着长发，女人扭动着身体，光线闪烁，似梦似幻，让我脑子眩晕。

临别时，女诗人已经口齿不清，步履恍惚。朋友一伙默契地指向一个名为"假行僧"的男诗人，让他送她回家，于是假行僧便顺手搀扶起她。

女诗人要和我拥抱作别，双手挂在我的脖子上，在我耳边说了几句话，带着酒精的芳香——我根本没有听清她说了什么。

我和朋友往他家走，他告诉我假行僧和那个女诗人的故事。假行僧诗写得好，还会画画，看过很多很多电影和书籍，对音乐也颇有研究，一缕山羊胡子，十足艺术家的范儿，女诗人非常崇拜他。

其实，通过一个晚上的接触，我也很崇拜他，简直让我这种乡巴佬佩服得五体投地。我要是个女人，说不定也会被他的"艺术家"气息所吸引。每次女诗人喝了点酒，就说要去假行僧的家里，可是艺术家只爱他的艺术，坚持要送她回家。在她楼下，女诗人又请求假行僧上去坐坐，都被他拒绝了，这让女诗人备受折磨。

大家也希望他们能成一对，每次都创造机会让他们独处，可爱情毕竟是两个人的事，外人不能乱点鸳鸯谱。

我躺在朋友狭窄的房间地上，周围堆满了书，墙上贴着萨特和加缪的黑白海报，我说要和他讲讲我爸爸老王的一件事。

升入高中，我要去市里上学。爸爸刚好找了一个建筑监理的工作，于是在学校边上租了一套两室一厅一厨一卫的房间，月租三百。当时他的工资只有八百块钱，姐姐还在上大学，因此家里花销也挺大，妈妈就继续在镇上开着杂货店。

我每个月要两百块钱生活费，平时在学校食堂吃，周末爸爸会做饭，给我改善一下伙食，日子过得比较拮据。

因为学习的压力，我平时表现得有些沉闷，爸爸因为经济紧张，也不爱说话，所以我们父子之间基本没有什么交流。早上出门，一天不见面，晚上我睡我的屋子，他在他的房间，生活显得很压抑。

不知从何时起，爸爸迷上了福利彩票。
有一次，我在抽屉里看到一大摞彩票券，都是七星彩（我猜他不会玩其他的彩种），每张买了五注，十块钱，一周买三张，一个月至少十二张，投注就有一百多块钱，够我半个多月的伙食费。到底中了多少奖金，我也不知道，但从他的面色和我的伙食改善上看，打水漂的居多。

到我读高二下学期的春天，爸爸突然和颜悦色起来了。每天晚上都来我的房间看看，叮嘱我早点休息，不要学习太晚，周末的伙食也有鱼有肉，心情也跟着愉悦起来，父子之间就有了更多的交流。本来我以为是爸爸中了大奖，或许有五百万，那样我就可以不用上大学，去乡下种田养鱼了。

直到有一天，爸爸给我看一本杂志，《广济文学》，他告诉我上面有他的诗和一些素描。以前我只见过他画建筑工程图，没看到过别的"画作"，那次倒让我大开眼界了。他给杂志里很多文章作了插图，一看就知道是用铅笔画的，朴素干净，是爸爸的风格。

多年后我看到哈尔滨医生韦尔乔的画作时，想起了当年的爸爸，都是一些简单的线条和涂墨，但都透露出一种艺术家的气质。以至于我现在都为爸爸感到惋惜，因为他没有坚持走他的艺术道路。

至于诗作，都是一些古体五言绝句（平仄不分），读来也极其文雅，让人耳目一新，比如："南山樱花盛，闺女欲出门。牵马过长江，春风识故人。""竹林山水间，缥缈一孤僧。轻舟傍浮云，空叹痴情翁。""冬日何桥村，隐士做春梦。积雪独不舍，明月与寒风。"……

爸爸还告诉我，我的名字"晓波"就是取自他年轻时写的一句诗"晓月入清溪，波心荡扁舟"。如果改成"大小"的"小"，我就是一个作家。

这时爸爸已经是五十出头的大龄中年人，可是自从他抛弃彩票，转向创作诗作和画作后，心态就马上年轻了起来，像是一个青壮年，充满活力。每天看到我，脸上都挂着笑容，我的学习也在他的关心和鼓励下，稳步上升。

然而这种父子间推心置腹的交流仅仅维持了三个月，夏天到来的一个晚上发生的事情彻底改变了这种融洽的现状。

那天晚上下自习，我爬上幽暗的楼梯，到了家门口，看到一个长头发的女人歪着头，伸着腿，坐在楼道里，一身酒气，睡着了。我打开门，她也没有动静。进了屋，我告诉爸爸，门口有一个女人。
爸爸脸色当时就变了，他赶紧拉开门，我尾随着。他顾不上我，来到女人身旁，蹲了下来，叫了一声"小红"，女人没有反应。于是爸爸拉着她的手，搭在自己肩膀上，把她扶了起来，跟跟跄跄地进入屋里，我给他们让开道。爸爸把女人扶进自己的房间，放倒在床上，又把她的腿摆正。

爸爸把女人整饬好，又在地上放了一个脸盆，以防她吐得遍地都是。以前他每次喝醉了，也是我和妈妈把他抬到床上，在旁边放一个搪瓷盆。

忙活完了，他转过身，看了我一眼，把门带上，默默地走出来，在靠椅上呆坐着，像一尊木偶。我什么也没问，刷完牙洗脸洗脚，上了自己的床，关上灯，一直没睡着。后来我听见他小心翼翼地走进我的房间，坐在我的床沿，我向一边挪了挪，我们睡在了一张床上。

我已经有十多年没和爸爸睡在一起了，小时候的记忆也不复存在，我只知道爸爸睡觉会打呼噜，只有妈妈不嫌弃。

黑暗中，我们背靠着背，又保持一点儿距离，但我能感觉到他的体温。我一弯脚就碰到他的腿，爸爸躲闪地缩了一下，于是我们就保持着一动不动的姿势，好久不说话。

终于我听到爸爸叹了一口气，叫了一声："小波。"我回应着他："嗯。"我知道，他要和我说点什么了。

原来那个女人是爸爸老板的情妇，爸爸的老板是市建筑设计院的院长，也姓王。我记得我小学的教学楼上面就铭刻着他的名字，虽然整个图纸是爸爸完成的，施工也是爸爸监督的，但他只是一个小镇城镇建设办公室的小职员，根本没有资格在建筑物上冠名。这个王院长自己开了一家建筑监理公司，爸爸被政府裁减后就去了他的公司上班。

王院长还是市文联和作协的挂名副主席，也是他推荐爸爸给《广济文学》刊物撰稿和作画。

当爸爸稍有点"名气"，许多人慕名请他参加各种活动，喝酒喝茶，附庸风雅。这些县级乡镇文学活动如今在我看来非常可笑。可是爸爸当时居然吸引了这个女人，虽然爸爸竭力拒绝，甚至把她阻挡在门外，以防自己犯错误（或者是为了说明什么），直到我回来。

我很高兴爸爸跟我说了这么多，心里觉得这种事真他妈美好。可爸爸又叹了一口气，说："现在你还不懂，长大了不要像我这样。"

第二天我去上早自习，晚上回来女人已经不在了，床上空荡荡的，整洁平坦，仿佛从来没有睡过一个女人，一个叫"小红"的女人。

爸爸告诉我，他把工作辞了，让我先不要跟妈妈说。过了一段时间，他又找到了另外一个建筑公司的监理工作，工资也涨到了两千，这在当时的县级市里也算是中产阶级。爸爸不再给文学刊物写诗画画，我还偷偷去买了几本，再也没有在上面看到爸爸的"佳作"，心里因此失落了很久。

爸爸又去买彩票了，依然赌得不大，每期买五注，十块钱，一周三期，一个月一百五十元左右，这些钱也不再是他的负担了。
可他至今没有中过五百万，我按部就班地上学，考大学，毕业工作。
那次以后，我和爸爸就再也没有在同一张床上睡过，再也没有说过那么多真心话。

躺在朋友的席梦思上，我们背靠着背，中间隔了一点儿距离。我问他，女诗人在我耳边说了什么。
"她说，小心我爱上你。"